CONSEIL PONTIFICAL
JUSTICE ET PAIX

TERRE DE DIEU
TERRE DES HOMMES

Document de préparation à la Journée de remerciement pour les dons de la création.

Jubilé du monde agricole

12 novembre 2000

PIERRE TÉQUI *éditeur*
82 rue Bonaparte 75006 Paris

ISBN : 2-7403-0757-8

SOMMAIRE

I

LE JUBILÉ ET LA TERRE

Entre l'année jubilaire et la terre existe un lien profond qui permet d'embrasser en un seul regard les thèmes fondamentaux du message du jubilé et de les projeter sur les questions les plus graves qui harcèlent l'humanité en cette fin de millénaire, surtout pour ce qui est de la justice, de la tutelle de la dignité des travailleurs de la terre, de l'utilisation des ressources de la planète et de la responsabilité de l'homme à l'égard de la création et de ses biens. L'institution du jubilé fait que le temps astronomique qui gouverne la fécondité de la terre et ses cycles est, d'une certaine façon, envahi par « le temps de Dieu » qui se fait histoire du salut. Avec les rythmes du temps qui se perpétuent, il est ainsi possible de lire la révélation d'une direction et d'un terme chargés de contenus salvifiques, en évoquant en même temps le rapport étroit entre le futur de la terre et celui de l'homme, à la lumière du projet de Dieu.

1. L'année jubilaire dans la Bible

Dans le Pentateuque, l'institution des années sabbatiques est attribuée à Moïse, le législateur d'Israël, et elle se transmet dans le contexte du code des lois remises par Yahvé sur le Mont Sinaï pour sceller son alliance avec son peuple. Le sens et l'objectif de tout ce système normatif — abstraction faite du long travail historique qui a conduit à son règlement définitif — étaient de permettre à Israël, libéré de l'esclavage de l'Égypte, de vivre en peuple libre, sur la terre promise. La législation relative à l'année sabbatique et à l'année jubilaire doit donc être lue avec cet horizon pour fond, un horizon de rachat et de libération des hommes et de la terre. Outre le repos hebdomadaire, à l'imitation de celui du Créateur et motivé par la mémoire ingrate de la dure servitude égyptienne (*Ex* 20,8-11 ; *Dt* 5,12-15), on prévoit une année de repos pour la terre tous les sept ans, année dite *sabbatique*, qui permet à la terre de se libérer en quelque sorte de la fatigue de devoir, chaque année, assurer sa fécondité. Pendant cette année, non seulement la terre était laissée au repos – selon l'ancienne coutume orientale du *maggese* – mais en même temps, toutes les dettes étaient remises et, après que la terre ait été exploitée pendant six ans, elle devait, si elle était passée à des mains étrangères à la tribu du lieu, revenir à ses propriétaires originaux (*Ex* 23,10-11 ; *Lv* 25,1-18 ; *Dt* 16,1-6). L'habitude agricole du repos de la terre s'enrichissait ainsi chez les Israélites de nouvelles motivations sociales et théologiques, en liaison avec la conviction que Yahvé, le Rédempteur du peuple, représente l'unique maître de la terre et celui qui en distribue les fruits (*Lv* 25,23.38-42-45).

A l'échéance de sept cycles sabbatiques, la sonnerie du *jôbel*, la trompe rituelle, marquait le début de l'*année jubilaire*, une année spéciale de pardon et de grâce, pendant laquelle les prescriptions de l'année sabbatique étaient étendues et célébrées avec une solennité particulière :

« Cette cinquantième année sera pour vous une année jubilaire : vous ne sèmerez pas, vous ne moissonnerez pas les épis qui n'auront pas été mis en gerbe, vous ne vendangerez pas les ceps qui auront poussé librement. Le jubilé sera pour vous chose sainte... » (*Lv* 25,11-12).

Cette institution traduit directement, au plan social et économique, la Seigneurie de Dieu et veut affirmer trois libertés fondamentales :

– *la liberté de la terre, avec son droit au repos,*

– *la liberté des choses, avec le retour des maisons et des terres à leurs anciens propriétaires,*

– *la liberté des personnes, avec le rachat des esclaves* (*PMT* 26).

C'est pour cela que la cinquantième année est une année sainte : c'est une année *qui proclame la volonté libératrice de Dieu pour le cosmos et l'histoire, et qui appelle tous les hommes à la liberté :*

« Vous déclarerez sainte cette cinquantième année et proclamerez l'affranchissement de tous les habitants du pays. Ce sera pour vous un jubilé : chacun de vous rentrera dans son clan [...] En cette année jubilaire, vous rentrerez chacun dans votre patrimoine » (*Lv* 25,10-13).

Le livre du Lévitique place clairement en relation le jubilé avec la Seigneurie de Dieu, expérimentée dans l'événement paradigmatique de l'exode :

« S'il n'a été racheté d'aucune de ces manières, c'est en l'année jubilaire qu'il s'en ira, lui et ses enfants avec lui. Car c'est de moi que les Israélites sont les serviteurs ; ce sont mes serviteurs que j'ai fait sortir du pays d'Égypte. Je suis Yahvé votre Dieu » (*Lv* 25,54).

Il était donc impossible de se retrouver dépossédé définitivement de la terre, puisqu'elle appartenait à Dieu, tout comme les Israélites ne pouvaient pas rester indéfiniment esclaves, puisque Dieu les avait rachetés comme sa propriété exclusive, en les faisant sortir d'Égypte et en les ayant conduits dans la terre promise.

Terre, peuple et libération constituent la raison motrice de l'expérience du peuple élu. En particulier, dans la conscience religieuse d'Israël, la terre vient incarner et condenser symboliquement toutes les attentes de liberté et de justice, en se présentant comme le contexte de référence et le terme positif de chacun des itinéraires de rédemption. Les années sabbatiques et les jubilés ont donc le devoir de garder le peuple et la terre dans un rapport réciproque et indélébile de liberté, Yahvé étant l'unique Libérateur et l'unique Seigneur de tous deux.

2. Le jubilé : mémoire et prophétie

Au point de vue historique, la situation sociale que supposent l'année sabbatique et le jubilé nous ramène à l'époque postérieure à celle de Moïse, après l'avènement de la monarchie et les changements de situations sociale et économique que la nouvelle institution vécut en Israël. La monarchie brisa violemment la structure première, accaparant pour soi et ses innombrables fonctionnaires les terres qui étaient laissées au préalable à chaque tribu. On trouve un exemple significatif de ces changements dans l'épisode de la vigne de Nabot, un pieux Israélite, auquel le roi Achab confisque violemment le morceau de terrain (1 R 21). On comprend pourquoi les défenseurs de l'ancienne foi, comme le prophète Élie, s'insurgent si fortement contre les violences de ce genre, en les combattant âprement.

Dans la législation mosaïque du Sinaï, la réglementation à propos de l'année jubilaire reportait en arrière le désir de justice et l'anxiété pour la libération de l'Israël de l'histoire qui, après l'affirmation de la monarchie, assiste au renversement de l'ancienne structure sociale fondée sur le clan, le partage et la coresponsabilité, et à la constitution d'une nouvelle structure pyramidale marquée par des inégalités profondes. En définitive, l'année jubilaire avait pour but de proclamer l'égalité de tous les enfants d'Israël, en ouvrant de nouvelles possibilités aux familles ayant perdu leurs propriétés et même jusqu'à leur liberté individuelle. C'était une annonce d'espérance. Aux riches, au contraire, l'année jubilaire rappelait que viendrait le temps où, redevenus égaux à eux, les esclaves israélites auraient pu revendiquer leurs droits.

En conséquence, il leur était impossible d'absolutiser leur condition et d'abuser de leur pouvoir à l'égard des autres. Et c'est pourquoi, pendant l'année jubilaire, toute personne pauvre, faible ou exploitée, pouvait espérer obtenir justice et libération ; ceci, en vertu du pouvoir salvifique du Seigneur et de son intervention dans l'histoire :

« Car il délivre le pauvre qui appelle
et le petit qui est sans aide ;
compatissant au faible et au pauvre,
il sauve l'âme des pauvres » (*Ps* 72,12-13).

Ainsi, le sens de l'année jubilaire se projette vers l'avenir comme une année attendue, une année de grâce que le Seigneur inaugurera dans les temps messianiques du salut. On peut, avec raison, considérer que la loi sur les jubilés n'a jamais été complètement appliquée et même, que dans la forme que nous lui connaissons, elle ne remonte pas au-delà de la période successive à l'exil. En effet, c'est à cette époque que remontent les rares témoignages de jubilés effectivement célébrés (*Ne* 10,32 ; 1 *M* 6,49-53). La présence, dans le *code de sainteté* du Lévitique, de prescriptions jubilaires conserve toutefois une grande signification du fait qu'elle confère autorité à un programme de vie sociale ancré dans les valeurs, profondément religieuses, de la justice et de l'égalité, en s'efforçant d'appliquer le principe sabbatique traditionnel à une société devenue économiquement plus complexe et marquée par de profonds déchirements. De toute façon, les préceptes de l'année jubilaire restent davantage une perspective idéale qu'une réalité : une perspective idéale en tension entre la mémoire et l'utopie, mais d'une importance essentielle pour modeler la conscience d'Israël, en particulier grâce à la prédication prophétique qui s'y rapporte et qui les relit dans la perspective de leur réalisation future. La célébration jubilaire se présente ainsi toujours plus comme une *prophetia futuri*, une « préannonce » de la véritable libération définitive qui aurait été actualisée par le Messie attendu. Bien que reliant explicitement la législation sur les sabbats et sur le jubilé à la libération du premier exode, le *Lévitique* (25,42-55) lui-même semble implicitement vouloir préannoncer le nouvel exode auquel se relient très vite les annonces d'Ezéchiel (46,17) et d'Isaïe (61,1-2).

C'est à cette perspective messianique que Jésus se réfère lorsqu'à la synagogue de Nazareth il reprend le texte d'Isaïe (61,1-2) et proclame sa réalisation dans sa personne :

« L'Esprit du Seigneur est sur moi,
parce qu'il m'a consacré par l'onction,
pour porter la bonne nouvelle aux pauvres ;
Il m'a envoyé annoncer aux captifs la délivrance
et aux aveugles le retour à la vue,
renvoyer en liberté les opprimés,
proclamer une année de grâce du Seigneur »
(*Lc* 4,18-19).

L'avènement des temps messianiques est décrit comme la réalisation d'une année de miséricorde et de grâce ; une année jubilaire pendant laquelle la terre, le peuple et, en particulier, les pauvres et les opprimés retrouvent leur liberté originelle. Tout ceci correspond pleinement à l'attente jubilaire annoncée dans l'Ancien Testament. C'est dans le Christ Sauveur que commence le temps attendu et que surgit à l'horizon du monde le jour du salut. « Tous les jubilés se rapportent à ce « temps » et concernent la mission messianique du Christ [...] C'est lui qui annonce la Bonne Nouvelle aux pauvres. C'est lui qui apporte la liberté à ceux qui en sont privés, qui libère les opprimés, qui rend la vue aux aveugles (cf. *Mt* 11,4-5; *Lc* 7,22). Il réalise ainsi « une année de grâce du Seigneur », qu'il proclame non seulement par la parole mais avant tout par ses œuvres » (*TMA* 11). Le message et les actions de Jésus constituent le point d'arrivée et l'accomplissement de la foi d'Israël et le début de l'aventure chrétienne.

3. Le Jubilé de la terre

Au début du troisième millénaire de l'ère chrétienne, la célébration du jubilé nous demande de repenser à la signification du don de la terre, à l'usage que nous en faisons, aux injustices qui, dans tant de régions de la planète, oppriment aujourd'hui la terre et ceux qui la travaillent. L'année jubilaire rappelle à l'homme que la terre sur laquelle il vit est un don de Dieu et qu'elle ne lui appartient pas comme un bien dont il peut disposer en toute liberté: la terre appartient au Seigneur et l'homme doit y vivre, non pas en maître absolu, mais en « étranger et en hôte » (*Lv* 25,23). Personne ne peut s'arroger des droits permanents sur la terre et priver ses semblables de l'usage d'un bien appartenant à tous. C'est sur ces conditions théologiques que se basait la logique de l'année jubilaire dans l'Ancien Testament. « Il existait en effet une conviction commune: à Dieu seul, en tant que Créateur, appartient le « dominium altum », c'est-à-dire la seigneurie sur toute la création, en particulier sur la terre. Si, dans sa Providence, Dieu avait donné la terre aux hommes, cela signifiait qu'il l'avait donnée à tous. C'est pourquoi les richesses de la création devaient être considérées comme un bien commun de l'humanité entière […] L'année jubilaire devait servir précisément à rétablir aussi cette justice sociale » (*TMA* 13).

La doctrine de la destination universelle des biens, selon laquelle les richesses et les ressources de la terre ont été, à l'origine, données au bénéfice de l'humanité dans sa totalité et non seulement de quelques hommes, a donc bien ses racines dans la tradition jubilaire et constitue l'une des bases de l'enseignement social de l'Église. La propriété privée elle-même n'est pas un droit absolu mais sa nature lui confère une fonction sociale et elle doit se conformer à une distribution juste et solidaire de tous les biens de la terre. Nous pourrions dire que le *sens chrétien* de la culture de la terre et, en général, de la seigneurie de l'homme sur la nature, est orienté pour rassasier l'homme et transformer la terre en pain sur la table de tous et, en particulier, sur celle des pauvres. Nous sommes donc tous appelés, à tous les niveaux, dans la diversité des situations politiques, sociales et économiques, à rendre compte aux générations présentes et futures de la jouissance actuelle des biens de la terre et à nous demander si n'est pas venu le temps de proposer – comme le Saint-Père l'a répété et continue de répéter avec affliction :

– un allégement, ou même l'effacement, de la dette internationale qui tenaille les économies de nombreux pays,

– la mise en œuvre d'une réforme agraire qui porte à abolir les latifundia et règle une plus juste distribution des terres, en particulier dans les pays les plus pauvres,

– la tutelle des droits des familles et de tous ceux qui travaillent dans l'agriculture, souvent dans des conditions difficiles et parfois inhumaines, et sont exposés à toutes sortes d'abus,

– la libre circulation des informations, de la culture, des découvertes techniques et biotechnologiques pour une amélioration de la qualité de la vie de populations entières.

Ces initiatives, et d'autres encore, sont essentielles pour que le jubilé ne reste pas lettre morte. Le rachat de la terre est étroitement lié au rachat et à la libération des personnes. La seigneurie universelle de Dieu qui, en instituant le jubilé, affirme : « la terre m'appartient » (Lv 25,23) nous engage profondément à repenser la signification de la domination des hommes sur le monde. Parmi les créatures bonnes, l'homme est « très bon », fait à l'image et à la ressemblance de Dieu. Et le sens premier de la ressemblance divine réside dans une affirmation de caractère dynamique : l'homme a été créé à l'image de Dieu, pour être sur la terre un signe visible et un instrument de la seigneurie du Seigneur.

L'homme doit prendre possession de la création non pas comme un tyran, mais comme un roi sage et attentionné qui, avec sapience et amour, exerce la régence que lui a confiée Dieu, régence qui, du fait qu'elle est partagée, ne peut pas être exercée comme une domination absolue ou illimitée. En effet, Dieu reste le seigneur et le législateur, sans que l'homme puisse prétendre se substituer à lui : le dominium terrae ne peut pas bouleverser les dynamiques de la création. C'est ce qu'exprime clairement un passage de Centesimus annus qui identifie dans une erreur humaine tragique la cause de la crise de l'environnement :

« L'homme, qui découvre sa capacité de transformer et en un certain sens de créer le monde par son travail, oublie que cela s'accomplit toujours à partir du premier don originel des choses fait par Dieu. Il croit pouvoir disposer arbitrairement de la terre, en la soumettant sans mesure à sa volonté, comme si elle n'avait pas une forme et une destination antérieures que Dieu lui a données, que l'homme peut développer mais qu'il ne doit pas trahir. Au lieu de remplir son rôle de collaborateur de Dieu dans l'œuvre de la création, l'homme se substitue à Dieu et, ainsi, finit par provoquer la révolte de la nature, plus tyrannisée que gouvernée par lui » (CA 37).

L'homme peut donc s'insérer dans l'ordre naturel et l'orienter pour son développement, mais il doit le faire avec la même aptitude que le Créateur, avec sagesse et amour, dans le respect de la structure intime de cet ordre et de ses équilibres.

4. Le Sabbat de la terre

En prescrivant le repos sabbatique de la terre, la loi de Moïse ne se limite pas à le mettre en rapport avec la nécessité pratique de laisser reposer le sol pour se garantir, en l'absence de systèmes agricoles adéquats, une production satisfaisante pour l'avenir : le Lévitique affirme clairement que ce repos doit être mis en relation avec la reconnaissance de Yahvé : c'est un repos « consacré au Seigneur » et « en honneur du Seigneur » (cf. *Lv* 25,2.4). Tout comme le repos de l'homme, libre et esclave, et comme celui des animaux, le repos de la terre ne tend pas à la seule productivité mais il veut être le signe d'une gratuité cultuelle et il renvoie au repos de Dieu et à sa bénédiction primordiale :

« Le septième jour est un sabbat pour Yahvé ton Dieu [...] Car en six jours Yahvé a fait le ciel, la terre, la mer et tout ce qu'ils contiennent, mais il s'est reposé le septième jour, c'est pourquoi Yahvé a béni le jour du sabbat et l'a consacré » (*Ex* 20.10-11).

Le sabbat de la terre nous induit donc à considérer la création avec un regard différent de celui qui n'y voit qu'une simple réserve de biens à exploiter au maximum, à consommer, ou bien une proie à épuiser, avec pour seule limite la possibilité de pouvoir garantir aux générations futures une exploitation tout aussi avide. Le regard assoiffé de *l'exploiteur* doit savoir se transformer dans le regard ami du *consommateur* pour saisir aussi, avec l'utilité, la dignité et la valeur de l'univers. La terre repose lorsque l'homme sait la voir non pas comme un simple objet utile, ou bien comme un instrument de richesse, mais comme une source de beauté, qui apporte des biens qui ne seront pas épuisés sans la valeur de leur emploi. Le regard nouveau dont nous avons besoin pour rétablir l'ancienne alliance entre l'homme et la terre est le regard de saint François d'Assise, que Jean Paul II a, avec raison, indiqué comme étant le patron des écologistes[1].

François est l'homme qui a libéré le cœur de l'envie de posséder et est passé de la logique de l'exploitation à celle de la jouissance, de la logique de la violence à celle de la paix, de la logique de la domination à celle du service. François a regardé le monde avec des yeux transparents et admiratifs qui ont rendu fraîcheur et vérité au monde violé par le péché humain ; ayant découvert dans les créatures un reflet de la beauté du Créateur, il en a fait une échelle pour monter vers celui-ci. Les réalités de la création – comme l'enseigne saint Bonaventure[2] — ont été créées en tout premier lieu pour la gloire de Dieu et, en second lieu seulement, pour le bénéfice des hommes ; elles sont donc bonnes, avant d'être utiles. François contemple la création comme le Créateur se reposant le septième jour ; la voyant belle et bonne, il en est heureux ; et il pense à lui-

[1] JEAN PAUL II, Bulle *Inter Sanctos* (29 novembre 1979).
[2] Cf. BONAVENTURE DE BAGNOREGIO, *Commentarium in IV Libros Sententiarum*, liv. 2, d. 1, a. 2, q. 1, resp. in *Opera omnia*, vol. 2, Quaracchi (Florence) 1895, p. 44.

même comme à une créature au milieu d'autres créatures qui sont pour lui des frères et des sœurs, toutes sorties des mains d'un unique Seigneur, le seul Très-Haut ; aussi, en accordant les fibres les plus intimes de sa personne au diapason de l'univers, il peut se faire la voix et l'interprète du chant des créatures. François est celui qui annonce la paix à travers sa vie harmonisée, et il peut restaurer l'harmonie perdue entre l'homme et les créatures (Rm 8,21).

Pour faire reposer la terre, il nous est demandé de développer une nouvelle mentalité, une façon nouvelle de considérer notre rapport avec l'environnement, un nouveau style écologique.

Un style de sobriété,

– qui arrache du cœur de l'homme le désir de posséder et redonne la primauté à l'être,

– qui conduise l'homme à user de la terre sans en abuser,

– qui nous enseigne à éviter l'inutile, le superflu, l'éphémère, surtout si, pour satisfaire nos pseudo-nécessités, nous mettons en danger l'intégrité de la nature,

– qui purifie notre regard et nous fasse découvrir que l'environnement n'est pas une proie à mettre à sac, mais un jardin à soigner.

Un style d'harmonie,

– qui nous permette d'entrer en syntonie avec l'altérité, qu'elle soit représentée avant tout par un homme, ou bien par une plante ou un animal, et qui nous fasse toujours agir dans le respect de la valeur propre à chaque réalité naturelle,

– qui nous introduise à une justice authentique entre les hommes et les pays,

– qui indique comment orienter la nature pour le bien humain, par la persuasion et non par la violence, en nous introduisant sagement au cœur des équi-

libres ambiants sans les altérer,

– qui ouvre enfin nos yeux devant la beauté que l'univers nous offre, de la danse des électrons jusqu'à la pulsation des étoiles.

Un style de *service,*

– qui nous conduise à vivre la seigneurie humaine sur le monde à la ressemblance de la seigneurie de Dieu, qui est amour et providence ;

– qui nous fasse passer du désengagement à l'engagement de sorte que nous nous impliquions dans le problème environnemental comme en étant directement concernés ;

– qui nous enseigne à utiliser les ressources de notre esprit à l'avantage de l'intégrité du cosmos, afin que le monde devienne toujours plus beau et plus ordonné, et que chacune des créatures puisse être toujours plus elle-même, en proclamant la grandeur de son Créateur.

II

LA TERRE APPARTIENT A DIEU

Le travail agricole permet à l'homme de réaliser un rapport direct et assidu avec la terre. Fidèle au projet originel de Dieu, il offre ses soins à la terre et la terre lui offre ses fruits. Une réciprocité dans laquelle se révèle et s'accomplit un dessein visant la vie, l'être et le bien-être de l'humanité, le développement de chaque personne et de toutes les personnes. La perception d'une telle rencontre entre la nature et l'homme suppose que la terre est perçue comme un don de Dieu, qui doit être accueilli et rendu productif, et non pas détruit et abandonné, et elle renvoie à une distribution juste et solidaire des ressources de la terre que Dieu a donnée à tous et à chacun.

1. Le don de la terre et le travail de l'homme

Les chrétiens se réfèrent souvent à l'ensemble du monde naturel en employant le mot de création, dense de contenus et qui ajoute au concept de nature la richesse et la résonance de la foi biblique dans l'œuvre créatrice de Dieu, dont dérive et dépend tout ce qui existe. En regardant la nature comme un don de l'amour et de la sagesse de Dieu, les yeux du croyant rencontrent la multitude des créatures et, en s'ouvrant à une vision orientée vers un horizon infini, ils cueillent en elles le sceau du Créateur.

De cette conscience naît une attitude spontanée d'humilité et de gratitude, qui s'exprime de façon répétée dans les pages de l'Écriture Sainte :

« Que tes œuvres sont nombreuses, Yahvé !
toutes avec sagesse tu les fis,
la terre est remplie de ta richesse ! (*Ps* 104,24).

La grandeur incomparable de la création est présentée dans la synthèse sublime qui ouvre la Bible :

« Au commencement, Dieu créa le ciel et la terre » (*Gn* 1,1).

Dans la succession ordonnée des jours, la création est décrite comme une œuvre dérivant de l'acte créatif de Dieu et comme lui appartenant (*Gn* 1,3-5) : une conviction sans cesse affirmée dans la Bible :

« A toi le ciel, à toi aussi la terre,
le monde et son contenu, c'est toi qui les fondas » (*Ps* 89,12).

Le Créateur est qualifié à plusieurs reprises comme le « Seigneur de toute la terre » (*Jos* 3,11-13 ; *Ps* 97,5 ; *Mi* 4,13 ; *Za* 4,14 ; 6,5). Tout ce que la terre produit, c'est à son Créateur qu'elle le doit. C'est lui le fécondateur et le bienfaiteur des dons du sol :

« Tu visites la terre et la fais regorger, tu la combles de richesses. [...] Ainsi tu la prépares : arrosant ses sillons, aplanissant ses mottes, tu la détrempes d'averses, tu bénis son germe. Tu couronnes l'année de tes bontés, sur tes ornières la graisse ruisselle » (*Ps* 65,10-12).

L'homme aussi a été créé par Dieu, et c'est à Dieu qu'il appartient. Mais lui, il reçoit bien davantage : la dignité d'être fait à *l'image et à la ressemblance* de Dieu, et le devoir de *dominer* sur les autres créatures :

« Dieu dit : « Faisons l'homme à notre image, comme notre ressemblance, et qu'ils dominent sur les poissons de la mer, les oiseaux du ciel, les bestiaux, toutes les bêtes sauvages et toutes les bestioles qui rampent sur la terre » (*Gn* 1,26).

Donc, après avoir créé la terre, le Seigneur en fit don à l'homme, à tous les hommes, *homme et femme*, faits à l'« image » de sa bonté et de sa sagesse agissante pour que, en signe de bénédiction et d'obéissance à Dieu, Créateur et Seigneur, ils exercent le devoir d'« emplir et de dominer » la terre (*Gn* 1,27-28). En effet, la terre a été donnée par Dieu à l'homme, comme l'affirme avec vigueur le psalmiste :

« Le ciel, c'est le ciel de Yahvé, la terre, il l'a donnée aux fils d'Adam » (*Ps* 115,15).

Un don qu'il ne faut pas gâcher, mais bien mettre en valeur avec ordre, vérité et justice : l'homme collabore avec Dieu, il administre la terre et en jouit, il n'en est pas le maître absolu. Dès le début, Dieu lui-même lui confie la mission de garder sa création et de la conduire à son accomplissement. Le problème consiste à interpréter correctement le sens de ce devoir, en se rapportant au commandement biblique proposé dans les récits de la Genèse.

Genèse 1,28 : « Soyez féconds, multipliez, emplissez la terre et soumettez-la, dominez sur les poissons... ». Les verbes hébraïques correspondant à « soumettez » et « dominez » comportent, dans le langage biblique, deux images très significatives. Le premier verbe sert à décrire la domination d'un *roi sage* qui se charge de ses sujets et fait son possible pour que rien ne leur manque. Il n'indique donc pas un pouvoir despotique ou effréné qui abîme la terre et ses fruits, mais bien le contraire. Le deuxième verbe (*radah*) renvoie à l'état de *guide, pasteur de la terre* et il ne peut être compris comme une puissance arbitraire, mais comme la capacité de conduire avec soin le développement du monde, tout comme un pasteur conduit son troupeau à la bergerie, en évitant par tous les moyens qu'il ne rencontre mort ou destruction. Dans les deux formulations, la faculté que Dieu a attribuée aux créatures humaines ne représente donc pas une domination absolue, mais relative : celle d'un guide responsable et attentif à protéger ce qui a été confié à ses soins.

Genèse 2,15 : « Yahvé Dieu prit l'homme et l'établit dans le jardin d'Eden pour le cultiver et le garder ». Les deux verbes « cultiver » et « garder » expriment le devoir spécifique d'un gardien qui soigne le jardin qui lui est confié, en le cultivant et, justement, en le gardant, et ils renvoient ultérieurement à une autre image : celle du jardinier. « Cultiver » s'oppose à « abandonner » ; « garder », à « détruire », polluer, dévaster. L'homme est décrit comme le jardinier de Dieu au cœur de la terre, comme le bénéficiaire et le coresponsable des biens que celle-ci produit, en la gardant, comme le fait le Seigneur lui-même, avec sagesse et avec amour. C'est ce qui est rappelé de façon indirecte par l'image de l'arbre du bien et du mal, comme le rappelle Jean Paul II dans l'encyclique *Sollicitudo rei socialis* :

« La domination accordée par le Créateur à l'homme n'est pas un pouvoir absolu, et l'on ne peut parler de liberté « d'user et d'abuser », ou de disposer des choses comme on l'entend. La limitation imposée par le Créateur lui-même dès le commencement, et exprimée symboliquement par l'interdiction de « manger le fruit de l'arbre » (cf. Gn *16-17), montre avec suffisamment de clarté que, dans le cadre de la nature visible, nous sommes soumis à des lois non seulement biologiques mais aussi morales, que l'on ne peut transgresser impunément »* (n° 34).

Obéissants à cette mission et conscients de leur responsabilité éthique, les hommes instaurent un rapport réciproque grâce à leur travail de la terre. En particulier dans l'activité agricole, à juste titre appelée « activité primaire », tout – terre, plantes et animaux – tourne autour de la nature qui, grâce à l'intelligence et à la ténacité de l'homme, est amenée à en satisfaire les besoins. Dans le travail agricole, non seulement l'homme est spectateur de la création, mais il est aussi acteur agissant sur la nature et en collaboration avec elle pour que la terre se transforme en pain sur sa table. En effet, tout en faisant partie de cette nature, les hommes sont caractérisés par leur dignité particulière d'êtres rationnels et libres, images vivantes et palpitantes du Créateur, appelés à prolonger dans le monde la seigneurie de Dieu et à poursuivre et compléter l'œuvre de la création. Ainsi, dans la prière eucharistique, en célébrant l'histoire du salut, l'Église exalte le devoir de l'homme envers la création :

« Père très saint, nous proclamons que tu es grand et que tu as créé toutes choses avec sagesse et par amour ; tu as fait l'homme à ton image, et tu lui as confié l'univers, afin qu'en te servant, toi son Créateur, il règne sur la création » [3].

L'homme est le sujet intelligent et actif qui observe et connaît les rythmes et les lois naturelles, qui cherche et découvre les techniques et les instruments appropriés, qui perçoit les fruits du travail agricole et de tout autre travail, qui les utilise pour lui et les partage avec ses frères, conformément à la promesse du Seigneur :

« Je vous donne toutes les herbes portant semence, qui sont sur toute la surface de la terre, et tous les arbres qui ont des fruits portant semence : ce sera votre nourriture » (*Gn* 1,29).

Dans la promesse de la nourriture, fruit de la terre et du travail de l'homme, on trouve symbolisé la promesse de satisfaire tous les besoins authentiques de l'homme. Sa gratitude et sa sagesse feront qu'il restera éloigné de tout excès, de l'égoïsme et des fausses nécessités.

[3] *Prière eucharistique IV.*

« [...] Ne me donne ni pauvreté ni richesse, laisse-moi goûter ma part de pain » (*Pr* 30,8).

Une conscience profonde accompagne donc l'homme croyant : la terre est un don. Et, comme telle, il la reçoit des mains du Créateur, il la reçoit comme un don, dans le symbole de la terre promise recherchée par Israël après sa libération d'Égypte et le passage de la Mer Rouge :

« Va [...] vers la terre dont j'ai dit par serment à Abraham, Isaac et Jacob que je la donnerais à leur descendance » (*Ex* 33,1).

« Je suis Yahvé votre Dieu qui vous ai fait sortir du pays d'Égypte pour vous donner le pays de Canaan, pour être votre Dieu » (*Lv* 25,38).

La terre est le prélude et l'anticipation du don final dans lequel, *« ce sont de nouveaux cieux et une terre nouvelle que nous attendons selon sa promesse, où la justice habitera »* (2 *P* 3,13), lorsque l'histoire du salut aura atteint sa pleine réalisation. C'est ainsi qu'en expérimentant chaque jour la Providence de Dieu et la bénédiction de la terre, l'homme se sent toujours renvoyé vers des espaces toujours plus vastes, vers des biens durables et des visions définitives et capables de rassasier.

2. La terre de Dieu appartient à tous les hommes

Du don originel de Dieu naît une conséquence contraignante et exigeante : la terre appartient à Dieu et donc à tous les hommes ; il s'en suit qu'aucun homme, individuellement, ni aucun groupe ne peut s'approprier le droit de la posséder en exclusivité. Dès les premiers éléments de l'enseignement biblique, apparaît clairement la finalité des biens créés au service de tous les hommes (Gn 1,30) et, en conséquence, l'obligation de les partager ; personne n'est privilégié ni exclus, et les générations futures non plus ne doivent pas être pénalisées.

Dans la foi d'Israël, la conscience est vive que, puisque la terre appartient à Dieu, l'homme doit être conscient qu'il y vit comme un étranger, un hôte, en respectant la loi biblique de la terre et ses obligations, la justice et la juste distribution des biens, de façon que personne ne puisse se sentir dérobé de ses droits.

« La terre ne sera pas vendue avec perte de tout droit, car la terre m'appartient et vous n'êtes pour moi que des étrangers et des hôtes » (*Lv* 25,23).

Le mot « étranger », déjà, évoque qu'il ne s'agit donc pas d'être propriétaire. Mais, à l'Israélite, cela ne suffit pas. Il faut aussi ajouter le mot « hôte » (*toshavim*) : expression qui évoque de près Celui qui accueille, le Seigneur Dieu, comme si l'auteur de la Bible disait : « Puisque la terre m'appartient, vous y êtes des hôtes, et moi je vous y accueille ». Le rapport entre l'homme et la terre ne peut pas être compris comme un rapport d'appropriation ou de possession, mais comme le rapport d'accueil d'un don qui doit être respecté et dont les fruits doivent être distribués équitablement.

Le véritable propriétaire de la terre reste Dieu. Cette conscience n'exclut pas le droit de propriété, mais elle le relativise et le rapporte à sa vérité. La loi juive protège le droit de propriété de différentes façons. Par exemple, le décalogue interdit d'envier le bien de quelqu'un d'autre (*Dt* 5,21). Et, en effet, l'Israélite se sent libre seulement lorsqu'il possède un morceau de terre. Mais cette propriété ne doit jamais être séparée de la conscience que l'ultime propriétaire de tout reste le Seigneur et donc que les biens de la terre appartiennent à tous, et pas seulement à quelques-uns. Sous cet aspect, la législation juive se distingue du droit des pays limitrophes. En Égypte, par exemple, la terre appartenait au pharaon, et les paysans n'étaient que ses serviteurs et sa propriété. A Babylone, c'était une structure de type féodal qui était en vigueur : le roi prêtait la terre, en échange de services et de biens. Rien de semblable en Israël : la terre appartient à Dieu. Il l'a donnée à tous ses fils et il veut qu'elle soit utilisée avec respect et justice.

C'est sur cette conscience que repose le fondement de la doctrine sociale de l'Église à propos de la destination universelle des biens. Gaudium et spes affirme :

« Dieu a destiné la terre et tout ce qu'elle contient à l'usage de tous les hommes et de tous les peuples, en sorte que tous les biens de la création doivent équitablement affluer entre les mains de tous, suivant la règle de la justice, inséparable de la charité » (n° 69).

Un principe général qui suppose trois contenus de fond, au moins :

- *le principe de la libre initiative et du droit à la propriété privée,*
- *la « fonction sociale » de la propriété,*
- *la sauvegarde du bien commun.*

De la liberté de l'homme, *« signe privilégié de l'image divine »* (*GS* 17), descend le droit à l'initiative et à la propriété individuelle (cf. *CA* 43). Ces droits impliquent une responsabilité personnelle qui s'étend à chaque famille, chaque société et chaque Pays, et qui doit être exercée dans le respect du bien de tous et de chacun, et du droit d'autrui. Se faisant l'interprète de la Providence divine, l'homme est appelé à avoir soin de la création, pour que celle-ci puisse lui servir, qu'elle soit disponible à tous et pas seulement à quelques-uns.

« Dieu — lit-on dans *Centesimus annus* — *a créé la terre et l'homme, et il a donné la terre à l'homme pour qu'il la maîtrise par son travail et jouisse de ses fruits* (cf. *Gn* 1,28-29). *Dieu a donné la*

terre à tout le genre humain pour qu'elle fasse vivre tous ses membres, sans exclure ni privilégier personne. C'est là l'origine de la destination universelle des biens de la terre. En raison de sa fécondité même et de ses possibilités de satisfaire les besoins de l'homme, la terre est le premier don de Dieu pour la subsistance humaine » (n° 31).

3. Justice et solidarité dans l'utilisation de la terre et de ses biens

Hélas, il existe aujourd'hui dans le monde agricole bien des formes d'injustices. Avec l'accaparement des terres, le latifondisme, l'étatisme, le maintien de surfaces incultes ou faiblement exploitées, il faut dénoncer l'exploitation du travail des paysans, en même temps que des conditions du marché international qui conduisent à privilégier les cultures destinées à l'exportation et cela, aux dépens des cultures destinées à l'alimentation locale, ce qui entraîne, pour les pays en voie de développement, l'impossibilité ou la difficulté d'accéder aux découvertes technologiques. De telles situations, et d'autres encore, ont des conséquences graves sous la forme d'injustices et de déséquilibres sociaux, de famine et de maladie, d'analphabétisme et d'arriération, ce qui aboutit à diffuser les graines de la discorde et de la guerre et à rendre les pays pauvres toujours plus pauvres et dépendants de ceux qui ont le pouvoir de décider pour les autres et aux dépens des autres. C'est le triomphe de l'égoïsme, avec la négation de la solidarité et de la vérité.

Il faut rappeler ici les mots ardents avec lesquels l'apôtre Paul a condamné l'égoïsme des chrétiens de Corinthe :

« [...] L'un a faim, tandis que l'autre est ivre [...] méprisez-vous l'Église de Dieu et voulez-vous faire honte à ceux qui n'ont rien ? Que vous dire ?

Vous louer ? Sur ce point je ne vous loue pas ! » (1 *Co* 11,21-22).

Et Jean Paul II explique, en syntonie avec l'apôtre :

« *Il n'est pas juste qu'un petit nombre de privilégiés continuent à accumuler des biens superflus en dilapidant les ressources disponibles, alors que des multitudes de personnes vivent dans des conditions de misère, au niveau le plus bas de survie. C'est maintenant l'ampleur dramatique du désordre écologique qui nous enseigne à quel point la cupidité et l'égoïsme, individuels et collectifs, sont contraires à l'ordre de la création, dans lequel est inscrite également l'interdépendance mutuelle* » [4].

Aussi, lorsque l'homme transforme ce qui est un don offert à tous en une possession pour quelques-uns seulement, il s'agit d'un vol : contre le véritable propriétaire de la terre, le Seigneur, avant qu'à l'égard des autres hommes ou des autres peuples. Le Seigneur a créé la terre et l'a donnée à l'homme, à chaque homme, de tous les temps et en tous lieux : « *La création est un don de Dieu, un don pour tous et Dieu veut qu'elle demeure ainsi* » (*PMT* 23).

Non seulement l'injustice qui « vole » la terre à Dieu empêche d'autres hommes de l'utiliser et d'en décider mais elle bloque aussi la réalisation du projet originel de Dieu. D'« étranger et hôte » de la terre (*Lv* 25,31), l'homme finit par se transformer en arbitre et en maître absolu.

La loi d'Israël rappelle fortement le peuple aux valeurs du partage et de la solidarité, en prévoyant des règles précises aussi pour le déroulement des travaux saisonniers de la moisson, le gaulage des olives et la vendange, au bénéfice des pauvres et des marginalisés :

4 JEAN-PAUL II, *La paix avec Dieu créateur, la paix avec toute la création,* Message pour la Journée mondiale de la Paix 1990, n° 8.

« Lorsque tu feras la moisson dans ton champ, si tu oublies une gerbe au champ, ne reviens pas la chercher. Elle sera pour l'étranger, l'orphelin et la veuve, afin que Yahvé ton Dieu te bénisse dans toutes tes œuvres. Lorsque tu gauleras ton olivier, tu n'iras rien y rechercher ensuite. Ce qui restera sera pour l'étranger, l'orphelin et la veuve. Lorsque tu vendangeras ta vigne, tu n'iras rien y grappiller ensuite. Ce qui restera sera pour l'étranger, l'orphelin et la veuve » (*Dt* 24,19-22 ; cf. *Lv* 19,9-10).

Cet aspect de solidarité accompagne aussi le repos cyclique de la terre pendant l'année sabbatique :

« Pendant six ans tu ensemenceras la terre et tu en engrangeras le produit. Mais la septième année, tu la laisseras en jachère et tu en abandonneras le produit : les pauvres de ton peuple le mangeront et les bêtes des champs mangeront ce qu'ils auront laissé » (*Ex* 23,10-11).

Comme on l'a vu, l'année jubilaire est orientée vers la restitution de l'égalité à tous les enfants d'Israël, en offrant de nouvelles possibilités aux familles qui avaient perdu leur propriété, ou même leur liberté personnelle. Par contre, aux riches l'année jubilaire répétait les reproches des prophètes contre l'accaparement des terres et l'appauvrissement des petites propriétaires : *« Malheur à ceux qui ajoutent maison à maison, qui joignent champ à champ jusqu'à ne plus laisser de place ! »* (*Is* 5,8).

Devant l'infidélité injuste et dévastante de l'égoïsme, se place la parole divine qui revendique la seigneurie de Dieu sur le monde et la destination universelle des biens de la terre. Cette parole résonne aujourd'hui dans le monde à travers l'annonce évangélique de l'Église qui, dans sa doctrine sociale, nous indique le chemin qui mène à une solidarité capable d'enseigner et d'engager à partager tous les biens, matériels et spirituels, aussi bien dans les rapports interpersonnels que dans ceux internationaux.

Cette solidarité devra faire naître le rapport avec les nations qui conduit à affronter effectivement la question de la dette internationale non seulement comme un geste exceptionnel réservé à l'Année sainte, mais aussi comme l'expression de la disposition intérieure, constante et authentique, de ceux qui n'oublient pas que « les pauvres, vous les aurez toujours avec vous » (*Jn* 12,8), de ceux qui, au-delà de toute logique du profit économique, savent chercher et apercevoir sur le visage de leur frère dans le besoin l'image de Dieu et sa ressemblance avec lui, de ceux qui reconnaissent qu'une grande partie de la richesse des pays riches provient de l'exploitation de la terre et des peuples des pays pauvres.

La solidarité restera manchote, surtout à l'égard des peuples pauvres pour lesquels l'agriculture constitue l'unique ressource, si elle n'est pas accompagnée de la justice qui réclame une meilleure distribution de la terre, dans le contexte de réformes agraires effectives, équitables et efficaces[5].

Un aspect essentiel de la solidarité qui vise le développement intégral des hommes exige non seulement des formes d'annulation ou de soutien économique, mais aussi de partage avec les pays pauvres d'une propriété particulière :

« A notre époque il existe une autre forme de propriété et elle a une importance qui n'est pas inférieure à celle de la terre : c'est la propriété de la connaissance, de la technique et du savoir. La richesse des pays industrialisés se fonde bien plus sur ce type de propriété que sur celui des ressources naturelles » (*CA* 32).

[5] CONSEIL PONTIFICAL JUSTICE ET PAIX, *Pour une meilleure distribution de la terre. Le défi de la réforme agraire* (23 novembre 1997).

Le partage de la *propriété de la connaissance* sera providentiel et déterminant pour le progrès des pays en voie de développement, pour les reflets immédiats qu'elle pourra avoir sur la culture rationnelle de la terre, sur la conservation, la transformation et la distribution des produits, y compris la sauvegarde de leur environnement. Une telle solidarité peut tirer les peuples pauvres de leur état de minorité passive et les rendre protagonistes de leur propre développement, dans la dignité et la liberté.

4. Respect et révérence pour la terre

L'infidélité de l'homme au projet originel du Créateur n'est pas mise en évidence seulement à travers l'injustice à l'égard de ses semblables, mais elle se révèle de façon dramatique dans l'injustice même envers le monde de la nature. Esclave de son péché et de son égoïsme, l'homme se montre incapable d'être fidèle à sa vocation d'« image » de la seigneurie divine dans la domination et la gestion de la terre, en sainteté et en justice.

Le péché qui a opposé l'homme à son Dieu et qui a mis Adam contre Ève et Caïn contre Abel a provoqué en même temps la rébellion de la terre contre l'homme, en méritant en échange tourments et épines. Au lieu de se comporter en gardien et administrateur de la création, l'homme a agi de façon irresponsable, devenant prédateur de la terre et exploitant ses ressources comme si elles étaient inépuisables et non destinées à tous, comme si aucun prix n'était à payer pour les erreurs et les excès et qu'il n'existait aucune obligation de solidarité et de justice envers les générations futures.

Une confiance aveugle dans le progrès technologique se faisant toujours plus forte et une mentalité ciblée uniquement sur le profit et la consommation s'affirmant toujours davantage, dans nombre d'occasions l'homme a été à l'origine d'écroulements et de déséquilibres dans la nature et la terre même qu'il cultive, la polluant ou en épuisant la fécondité par des rythmes et des méthodes d'exploitation qui ressemblent davantage à un pillage forcené qu'à des soins et à un usage respectueux d'un bien reçu en don. Une transformation profonde est donc nécessaire, ainsi qu'un renouvellement intérieur, qui ramènent l'homme à un juste rapport avec le don de la terre et enseignent à chacun la voie de la solidarité et de la justice. En méditant sur le sens des mots « travailler », «soumettre » et « dominer la terre », l'Église nous propose la parole de Dieu comme une réponse efficace aux défis de notre époque.

Le repos sabbatique de la terre et celui de l'année jubilaire rappellent à tous les hommes que la terre n'a pas été donnée pour être exploitée à l'infini, mais que comme toute créature, elle doit être aimée, soignée, respectée dans ses rythmes, dans ses exigences, dans sa dignité et qu'elle renvoie à l'origine divine de chaque être créé. Si la gloire de Dieu est l'homme vivant, seuls des hommes libres, qui vivent la vie en plénitude, qui comprennent et apprécient le sens et la valeur de chaque être vivant, peuvent rendre gloire à Dieu, dans ce qu'ils sont et ce qu'ils font.

Il existe un rapport étroit entre les soins et la culture de la terre, et la reconnaissance de la grandeur de Dieu. Le travail agricole est comme une œuvre de louange et de vénération à Dieu, dans le vaste « temple » de la création au-dessous de la voûte céleste ; une œuvre sacrée, de quelque façon, voulue par le Créateur et par laquelle l'homme doit, avec ses mains de travailleur, devenir proche de la terre. Au moment de la « grande révélation » sur l'Oreb, Dieu a ordonné à Moïse d'être respectueux : « Retire les sandales de tes pieds car le lieu où tu te tiens est une terre sainte » (Ex 3,5).

Qu'il s'agisse de la bonne terre qui produit le cent pour un évangélique, ou de la terre maigre et avare qui exige pourtant davantage de travail et des coûts supérieurs, la terre reste cependant toujours « la terre qui nous est chère, celle que nos pères ont labourée pied à pied, et qu'ils ont rendu fertile et accueillante » [6].

La nouvelle sereine de la vie des champs fait que les travailleurs agricoles qui, sous tous les cieux, labourent leurs champs pouce par pouce, peuvent, à juste titre, devenir pour nos sociétés souvent inhumaines, artificielles et anonymes, le modèle d'une vie plus authentique et plus humaine, parce que plus proche de notre mère terre. En purifiant nos cœurs de l'agressivité et du désir de possession, le Seigneur Jésus nous redonne un regard vierge qui nous enseigne à accueillir le don de la terre, avec une reconnaissance émerveillée et heureuse, et à en partager l'utilisation et les soins avec responsabilité et générosité, dans une attitude de respect religieux.

L'engagement tenace de tous les agriculteurs et de l'ensemble du monde agricole, le progrès scientifique et technique, la mécanisation des moyens agricoles, l'accélération des transports, la mondialisation de l'économie seront un bien authentique pour tous si, obéissants à la volonté de Dieu Créateur et Seigneur, nous saurons reconnaître la bonté de la terre qui nous a été donnée, si nous savons rompre le pain sur la table de celui qui a faim, si nous serons attentifs au sort des plus faibles, des pauvres et de ceux qui sont sans défense, si nous nous sentirons engagés, envers tous, à soulager la fatigue et

[6] Cf. CEI, *Livre des bénédictions*, Bénédiction de la campagne, n° 1846.

l'anxiété du lendemain ; enfin, si nous saurons être des compagnons de voyage pour chaque homme et chaque femme sur terre, au-delà de toute qualification géographique ou sociale.

Alors, le désert du monde aussi refleurira et se transformera en jardin. Et ce sera le prélude d'une autre terre. *« Je vis un ciel nouveau, une terre nouvelle... »* (*Ap* 21,1). C'est la perspective finale basée sur la promesse de Dieu et sur le désir caché dans les croyants, qui savent reconnaître dans les sillons de cette histoire pleine de contradictions et de péchés, le mûrissement des graines d'une nouvelle terre. Pour ce dessein, outre les fruits de la terre, l'homme peut jouir d'une multitude d'autres biens, qui l'enveloppent de leur utilité et de leur beauté. C'est l'étreinte de la nature, c'est-à-dire de tout ce qui nous entoure et que nous pouvons voir : la terre, l'eau, l'air, les minéraux, les végétaux, les animaux dans leurs variétés et leur merveilleux équilibre. Il suffit de lever les yeux et de voir dans les signes des saisons ceux de la plénitude des temps qui se réalise désormais.

III

LA CRISE DE LA TERRE

Le Seigneur a confié la terre à l'homme pour qu'il l'utilise à son bénéfice et en développe les ressources non pas comme un tyran destructeur, mais comme un administrateur intelligent et fidèle. Hélas, la présence de l'homme sur terre s'est révélée et se révèle encore souvent envahissante et nuisible, avec le risque que les délicats équilibres de la planète soient compromis de façon irrémédiable et que l'environnement succombe à cause d'une exploitation excessive ou déréglée.

Selon le projet originel de Dieu, comme on l'a vu, l'homme est appelé à être une sorte de « roi » et de « pasteur » qui dirige la création avec sagesse et avec amour, et une sorte de « jardinier » qui garde et cultive le jardin du monde avec une immense attention, et non pas un créateur de désert et de mort. L'année jubilaire que nous célébrons nous engage à effectuer une révision personnelle et collective approfondie de l'usage que nous faisons de la terre et de ses biens.

Le problème de l'environnement restera irrésolu tant que ne sera pas réalisée une conversion réelle et profonde des mentalités et des styles de vie et tant que l'introduction de nouvelles technologies plus efficientes ne sera pas accompagnée par le développement d'une conscience écologique authentique. En tant que chrétiens, nous sommes persuadés que le thème de la crise de l'environnement ne peut être affronté de façon appropriée s'il n'est pas inséré, au plan doctrinal et moral, dans la perspective de la création et de l'harmonie entre les créatures, conformément à la volonté de Dieu dès le début.

Il ne faut pas oublier non plus que nous devons nous sentir obligés envers la nature à respecter les lois biologiques tout comme les lois morales, et ce dans leur rapport le plus étroit. Pour le chrétien, la terre est vue comme une « sœur » avec qui nous partageons la route, et comme une « mère » qui nous nourrit et nous soutient. Son regard reflète et prolonge le regard satisfait du Créateur qui aime toutes ses créatures et qui se soucie d'elles.

1. La question écologique

La réflexion chrétienne sur la question de l'environnement exige avant tout que soit reconnue la complexité du problème. De nombreux facteurs concourent à en tracer les coordonnées, à commencer par la croissance tumultueuse du progrès scientifique et de ses applications technologiques aux systèmes de production et de distribution des biens typiques des sociétés industrielles, en passant par la démographie planétaire galopante et les nécessités de fournir des quantités toujours plus grandes d'aliments, jusqu'aux déséquilibres sociaux et économiques des différentes régions de la terre et à l'insuffisante participation de la population dans les décisions administratives et politiques. Nombre d'écologistes critiquent communément les fausses valeurs qui sont à la base des sociétés avancées de consommation, ces valeurs qui sont responsables des désastres ambiantaux, tout comme ils critiquent le mythe du développement matériel et celui de la culture du progrès illimité que ces sociétés poursuivent comme des valeurs suprêmes.

D'autre part, la question de l'écologie ne peut pas être vue uniquement en termes technico-scientifiques ou économiques, ou encore en termes réservés seulement à certains groupes ; elle implique l'ensemble de la société, dans toutes ses articulations et elle se présente de façon toujours plus vaste comme une question culturelle, éthique et religieuse. La complexité même de la crise de l'environnement — complexe dans ses nombreux éléments dynamiques, comme analyse multidisciplinaire et à l'intérieur de chacune de ses composantes — exige qu'elle soit étudiée et affrontée avec le concours de multiples disciplines et compétences.

Dans la recherche des causes des désastres environnementaux, les mises en discussion ne manquent pas, pour ce qui est des interprétations philosophiques et religieuses définies comme anthropocentriques, parce que faisant de l'homme le centre de l'univers et parce que l'opposant aux autres êtres vivants et aux réalités naturelles. En alternative à ces erreurs d'agencement — qu'elles soient réelles ou présumées —, différents modèles de rapport homme-environnement ont été proposés, parmi lesquels le bio-centrisme, qui place non pas l'homme au sommet de tout, mais la vie dans toute son extension et sa variété ; ce qui entraîne donc aussi la reconnaissance des « droits » des animaux ou de l'environnement, et le sens de responsabilité pour les générations futures. Par contre, dans la perspective biblico-chrétienne, l'être humain créé à l'image et à la ressemblance de Dieu occupe une place très particulière, en tant que couronnement de la création et en tant que celui qui donne un nom à tous les autres êtres. L'écologie chrétienne est avant tout une écologie de la personne humaine.

Dans ce domaine, l'engagement joint de nombreuses personnes de cultures diverses et de compétences scientifiques et humanistes diverses fait émerger l'urgence d'établir un code éthique commun capable de guider le comportement humain dans toutes les activités ayant un impact environnemental. Un tel code éthique devrait correspondre aux nécessités de différentes cultures et religions et incorporer dans ses principes fondamentaux le devoir de sauvegarder les biens ambiantaux et les droits d'une existence digne pour les générations futures.

Une certaine convergence a été atteinte à propos de l'idée d'un développement durable, en entendant par « durabilité » l'ensemble des rapports entre les activités humaines — et leurs dynamiques — et la biosphère — avec ses exigences particulières, en général plus lentes. Ces rapports doivent pouvoir permettre à la vie humaine de se poursuivre, aux individus de satisfaire leurs besoins, et aux différentes cultures de se développer dans la juste mesure ; mais tout cela doit être réalisé de telle façon que les variations apportées à la nature par l'intervention de l'homme restent dans des limites précises, en évitant de détruire, ou même seulement d'endommager, le contexte biophysique global et la possibilité de la vie sur terre. L'écosystème est un tout unique. Briser cette unité aurait des effets dévastants sur l'échelle des êtres et sur la personne humaine.

2. Les chrétiens et la création

Dans toutes les religions, on trouve des croyances sur l'origine de l'univers et de sa structure et, par leurs rites et leurs systèmes de symboles, elles expriment de différentes façons le rapport entre Dieu, la création et l'homme. La crise ambiantale mettant ce rapport en discussion, les religions ne peuvent pas ne pas s'en soucier : en effet, celle-ci oblige chaque croyant — qui vit cette situation critique, même s'il n'en est pas directement responsable — à prendre acte de ce rapport avec Dieu et avec la création, et à le réexaminer. Croyant « en Dieu tout-puissant, Créateur du ciel et de la terre, de toutes les choses visibles et invisibles », il ne peut pas ignorer la réalité de la pollution du sol, de l'air et de l'eau, l'appauvrissement des ressources énergétiques, l'extinction massive d'espèces entières d'animaux et de végétaux, et mille autres aspects du problème écologique, source de préoccupation pour l'avenir du monde et de l'humanité. Le fait de « rechercher le Royaume de Dieu et sa justice » non seulement ne l'exonère pas de cette responsabilité, mais la renforce et l'exige en tant que composante essentielle de la foi et du témoignage des valeurs de l'Évangile. En effet, du point de vue chrétien, les problèmes complexes posés par la crise ambiantale demandent une réponse non seulement pastorale, mais aussi doctrinale, et ils renvoient à la foi dans le Dieu créateur, ainsi que le rappelle le Catéchisme de l'Église catholique:

« La catéchèse sur la création revêt une importance capitale. Elle concerne les fondements mêmes de la vie humaine et chrétienne: car elle explicite la réponse de la foi chrétienne à la question élémentaire que les hommes de tous les temps se sont posée: « D'où venons-nous? » « Où allons-nous? » « Quelle est notre origine? » « Quelle est notre fin? » « D'où vient et où va tout ce qui existe? ». Les deux questions, celle de l'origine et celle de la fin, sont inséparables. Elles sont décisives pour le sens et l'orientation de notre vie et de notre agir » (CEC n° 282).

Ces questions — affirme le Catéchisme — trouvent leur réponse dans le mystère du Christ incarné, mort et ressuscité pour nous et, de façon toute particulière, dans l'Eucharistie, qui est le sommet des dons de Dieu et le remerciement sublime à Dieu pour l'œuvre de la création et de la rédemption:

« L'Eucharistie, sacrement de notre salut accompli par le Christ sur la Croix, est aussi un sacrifice de louange en action de grâce pour l'œuvre de la création. Dans le sacrifice eucharistique, toute la création aimée par Dieu est présentée au Père à travers la mort et la résurrection du Christ. Par le Christ, l'Église peut offrir le sacrifice de louange en action de grâce pour tout ce que Dieu a fait de bon, de beau et de juste dans la création et dans l'humanité » (idem, n° 1359).

Toutefois, en se référant aux paroles de Dieu qui ordonnait au premier couple de soumettre toutes les créatures et de les dominer, certains savants et historiens de notoriété mondiale ont attribué la crise de l'environnement à la tradition judéo-chrétienne et à la position dominante qu'elle attribue à l'espèce humaine dans le contexte de la création. A ce sujet, on a déjà pu préciser que le texte du livre de la Genèse ne représente pas une autorisation illimitée pour l'homme d'user et d'abuser de la création ; au contraire, il proclame que le Créateur est l'unique Seigneur du monde et que l'homme et la femme ont des devoirs avec des limites très précises ; et, comme observe Jean Paul II, on ne peut pas non plus parler de *« liberté d'user et d'abuser, ou de disposer des choses comme on l'entend »* (*SRS* 34).

A ce propos, nous ne pouvons pas oublier certains grands saints chrétiens qui ont établi un rapport exemplaire avec l'ensemble de la création. Ils nous rappellent que l'enseignement de l'Église sur l'environnement et sur la signification providentielle de la création pour l'humanité n'est pas une nouveauté absolue : il a ses racines profondes dans la doctrine et dans la vie de l'Église.

Mort vers la moitié du VIe siècle, saint Benoît a, avec ses moines, enseigné aux Européens une bonne gestion du territoire et, comme on dit aujourd'hui, une agriculture de type biologique. Sous cet aspect, après la chute de l'empire romain, la contribution des moines bénédictins à la civilisation européenne reste incalculable.

Saint Jean Gualberto aussi, mort en 1073, fondateur de la communauté monastique connue comme l'Ordre de Vallombrosa, montre de diverses façons comment le soin de la terre constitue un engagement religieux et moral.

Dans ses écrits à caractère médical, Hildegarde de Bingen, abbesse et mystique morte en 1179, témoigne d'une connaissance approfondie de la flore et de la faune du Palatinat.

Saint Gérard Maiella, frère laïc rédemptoriste, mort en 1755, est appelé le « saint des paysans », à cause des miracles rapportés en faveur de ceux-ci.

Et saint François d'Assise, mort en 1226, patron des amateurs de l'environnement et de tous ceux qui partagent ses idéaux sur la création. Contre toutes les interprétations naturalistes qui voudraient réduire le saint d'Assise à un mystique de la nature, il faut redire que c'est la grâce de Dieu et son engagement ascétique et pénitentiel qui l'ont conduit aux objectifs qu'il a atteints.

Outre les franciscains, les écologistes aussi relèvent comment l'exemple de pauvreté librement choisie par François représente la réponse la plus profonde à l'exploitation inconsidérée des ressources naturelles prônée par la logique de consommation. Il ne suffit pas de dénoncer les exploitations de la nature ; il faut commencer à vivre de façon différente, selon la proclamation des béatitudes évangéliques, si l'on veut devenir les bâtisseurs d'une écologie authentique.

3. L'écologie dans la perspective chrétienne

Outre la conversion personnelle, ce que demande toute recherche future de solution à la crise ambiantale est de clarifier la position de l'homme au sein des processus dynamiques de la planète et de repenser le rôle et les responsabilités de tous à l'égard du monde. Dans cette perspective, six lignes de réflexion méritent d'être rappelées.

1. Interdépendance. En faisant appel au concept de « cosmos », c'est-à-dire de l'ensemble harmonieux des être créés, la doctrine chrétienne souligne comment la référence aux diverses catégories d'êtres non humains ne peut faire abstraction de leur structure respective, ni des rapports qui les lient entre eux, dans un système unique et ordonné. Même si, pour son bien-être l'homme a besoin des biens, il doit respecter une hiérarchie de valeurs dans l'usage de ressources naturelles. Non seulement une accumulation pure et simple de biens et de services, même s'ils sont destinés à un grand nombre de personnes, n'engendrerait pas le bonheur des hommes, mais elle détruirait aussi l'interdépendance des êtres et pourrait même se retourner contre l'homme. D'autre part, le danger consistant à consommer de façon abusive ne doit pas empêcher d'estimer et d'utiliser les nouveaux biens et les nouvelles ressources qu'un sage développement technologique met à la disposition de l'humanité. Dans ce contexte, le fossé qui sépare le Nord du Sud du monde dans l'accès aux biens de l'industrie, aux découvertes scientifiques et autres est inacceptable. Qu'il soit individuel ou social, touchant la génération présente ou celles à venir, le développement ne peut pas être considéré indépendamment du milieu naturel et il doit tenir compte de la solidarité et des exigences de la personne humaine dans ses multiples dimensions.

2. Limites des biens naturels. La conscience que les ressources naturelles sont limitées et que certaines ne peuvent être renouvelées est communément diffuse. Mais cet appauvrissement touche aussi les êtres vivants. Selon des études dignes de confiance, on prévoit pour les prochaines années une perte incalculable des espèces de la biosphère — plantes, animaux et micro-organismes — parmi lesquelles un grand nombre sont la source de médicaments précieux et sont nécessaires pour le juste équilibre de l'écosystème. La biodiversité est un bien à sauvegarder et à défendre ; elle ne doit pas être annulée pour des raisons de profit et d'intérêts économiques.

3. Les biens naturels en tant que biens de tout le genre humain. Le droit à la propriété privée est valable et nécessaire, mais il ne doit pas faire oublier que sur lui pèse une « hypothèque sociale », c'est-à-dire une fonction de service à la société, et qu'il est basée sur le principe de la destination universelle des biens. Les Pères de l'Église avaient déjà défendu ce principe en se rapportant aux biens naturels : personne n'a le droit de s'approprier les ressources naturelles de manière absolue et égoïste, en oubliant leur signification sociale. Le milieu naturel n'est pas une *res nullius* — quelque chose qui n'appartient à personne — mais une *res omnium*, un patrimoine de tout le genre humain. L'utilisation des ressources naturelles doit donc s'inspirer de la justice, de la solidarité et de l'amour préférentiel pour les pauvres.

4. Le développement authentique de l'homme. Le menace de pollution naturelle des lieux d'industrialisation rapide met en question le sens authentique du développement humain et du progrès économique. En effet, l'homme peut être menacé par ce qu'il produit, au point que ses initiatives elles-mêmes peuvent finir par se retourner contre lui. Comme dans le rêve des illuministes, la critique du progrès linéaire et l'identification du progrès avec l'accumulation et la disponibilité de biens matériels devraient clarifier le rapport authentique entre l'homme et les ressources de la création, entre la technique et la transformation des biens naturels. Dans la mesure où il anéantit le rapport entre l'homme et le milieu, le progrès matériel finit par se détruire lui-même. La sauvegarde de l'environnement et la gestion des ressources non renouvelables ne peuvent être réalisées de façon intelligente qu'en dépassant l'idée du « progrès » dans une perspective purement matérielle. Seules une foi profonde, une sagesse qui participe par la grâce à l'acte créateur même de Dieu et une espérance qui vivifie la science et la culture peuvent construire une culture de l'habitat humain à la dimension de l'homme, de l'environnement et de son développement intégral, y compris la vocation transcendante.

5. Le problème démographique. La croissance démographique dans le Sud de la planète, tout comme la chute du taux de natalité dans le Nord et le vieillissement de la population peuvent créer des difficultés dans la gestion des ressources et le développement ordonné, tout comme cela se produit avec la distribution inégale des ressources disponibles à la population mondiale. En promettant des richesses illusoires, l'urbanisation désordonnée porte à l'abandon des campagnes, provoquant des dégâts environnementaux dans les territoires aussi bien des villes que des zones rurales, et même dans les deux à la fois. Contrairement à ce que l'on entend souvent dire, les études les plus approfondies ont démontré que l'expansion démographique n'est ni la seule, ni la principale cause de la dégradation de l'environnement, du sous-développement ou de la faim dans le monde. Les facteurs du problème démographiques et du sous-développement sont multiples : une économie guidée uniquement par le principe du profit, une politique agricole des pays industrialisés qui subventionnent leurs « surplus » alimentaires, l'échec du développement de l'agriculture dans les pays en voie de développement, et ainsi de suite. Le problème réside dans un développement juste et ordonné. Pour ce faire, il est inacceptable qu'au nom de l'expansion démographique, brandie comme un bouc émissaire, ne soient pas affrontées les causes socio-économiques et politiques véritables et réelles de tant de maux. En soi, la croissance démographique n'est pas la cause de la disette, et l'on n'ignore pas comment, au cours des cinquantes dernières années, la population mondiale a doublé tandis que la production de denrées alimentaires a même triplé. Il est donc ici nuisible et injustifié, que ce soit au niveau national ou international, de lancer des « campagnes systématiques » contre la natalité, en l'absence de tout respect pour la réalité morale de la fécondité ou pour l'identité culturelle et religieuse des peuples, en arrivant même à subordonner l'aide et l'assistance économique à l'acceptation d'un tel contrôle démographique.

6. La question morale. La crise environnementale est surtout un problème moral. Ce qui signifie qu'il est impensable de vouloir résoudre le problème de l'environnement sans un changement culturel profond et sans une éducation capillaire pour la formation d'une nouvelle conscience écologique. La question écologique est une question morale. Dans le Message pour la Journée mondiale de la Paix de 1990, Jean Paul II écrivait justement que « *bien des valeurs éthiques, d'importance fondamentale pour le développement d'une* société pacifique, *sont en rapport direct avec le problème de l'environnement* » (n° 2). Et, dans un discours à l'Académie pontificale des Sciences, il a clairement indiqué les limites éthiques que l'homme doit observer dans son rapport avec les autres créatures :

« La première limite, c'est l'homme lui-même. Il ne doit pas utiliser la nature contre son propre bien, contre celui des autres hommes et celui des générations futures. La seconde limite, ce sont les êtres créés ou, plutôt, la volonté de Dieu telle qu'elle est exprimée dans la nature. Des créatures qui l'entourent, l'homme n'est pas libre de faire ce qu'il veut et comme il veut » [7].

Malgré la gravité des problèmes, et tandis que les prophètes de malheur annoncent la débâcle imminente de la planète et la fin de l'humanité elle-même, c'est avec espérance et confiance que les chrétiens tournent leur regard vers le troisième millénaire désormais à leur porte. Cette espérance n'est pas un optimisme facile ; elle est la certitude que, si nous savons convertir notre cœur au respect pour la vie, pour chaque vie, pour toutes les vies, à la solidarité et à la responsabilité pour autrui, alors un printemps de l'Esprit pourra, de nouveau, établir l'alliance entre l'homme et la terre. Voilà le témoignage que les chrétiens sont engagés à apporter à tous les hommes de bonne volonté.

[7] Cf. JEAN-PAUL II, Allocution aux participants de la Semaine d'étude sur les écosystèmes tropicaux (18 mai 1990), dans *L'Osservatore Romano,* éd. quotidienne, 19 mai 1990, p. 4, n° 4.

IV

« QUE LA TERRE BÉNISSE LE SEIGNEUR »

«Que la terre bénisse le Seigneur! »

Cette invitation à bénir le Seigneur parce qu'il a donné la terre est tirée du cantique des trois jeunes gens pris dans le livre de Daniel (3,57-88). L'auteur biblique énumère une à une les œuvres de la création: les eaux, le soleil et la lune, la pluie et la rosée, les glaces et les neiges, la lumière et les ténèbres, la foudre et les nuages, les monts et les collines, les sources, les mers et les poissons de la mer, les oiseaux de l'air et les animaux sur terre, et ce pour inviter Israël, les prêtres, les justes et tous les hommes à bénir le Seigneur, à le louer et à exulter tout au long des siècles. Dans l'acclamation du peuple, la terre tout entière prend voix pour se faire louange vivante au Seigneur. Chaque réalité créée est considérée comme un don du Créateur et comme un *signe* important, immense et varié, qui décrit effectivement les merveilles salvifiques que Dieu a faites en faveur de tous les hommes. D'où le verset du début, d'une forme inclusive: *« Vous toutes, œuvres du Seigneur, bénissez le Seigneur! »* Les œuvres du Seigneur proclament le Seigneur, et la création devient source de beauté, d'enchantement, de gratitude et de contemplation du Très-Haut.

« N'est-ce pas là un des itinéraires fondamentaux à vivre et auquel nous éduquer dans la célébration du grand Jubilé de l'an 2000! » Approcher le troisième millénaire signifie relever la tête au-dessus de nous-mêmes, de nos misères petites et grandes, pour tourner notre regard :

- *vers Dieu, Père tout-puissant, Seigneur du temps et origine des dons de la création,*
- *vers son Fils Jésus-Christ, par qui tout a été fait et sans lequel rien n'existe,*
- *vers l'Esprit Saint, Amour personnel du Père et du Fils, qui vit en nous et nous fait « enfants du Fils ».*

Le Jubilé de l'an 2000 représente une importante invitation adressée à la conscience la plus profonde des croyants, pour qu'ils se fassent des témoins forts et sages du mystère de Dieu Trinité, origine, centre et fin de l'histoire, depuis l'aube de la création jusqu'à l'accomplissement des cieux nouveaux et de la terre nouvelle dont l'Apocalypse offre en anticipation une magnifique évocation.

1. La création, un grand signe qui révèle le Seigneur

Dans cette perspective, la première attitude à cultiver est de savoir lire la création comme un grand livre ouvert qui raconte la grandeur et la bonté du Dieu Créateur, et qui oriente chacun de nous vers un émerveillement source d'adoration. C'est là l'expérience décrite par le chanteur du Psaume 8, qui débute et se termine avec l'affirmation suivante :

« Yahvé, notre Seigneur, qu'il est puissant ton nom par toute la terre ! »

L'univers, sa beauté, ou, pour dire avec Blaise Pascal. « L'infiniment grand » et « l'infiniment petit », se présentent à nous comme un *grand signe* visible qui renvoie au visage invisible de Dieu, dont il proclame l'immensité et la gloire (*Ps* 19,2-3). La perfection du cosmos, son harmonie, la plénitude de sa vie, sa riche variété s'offrent à nos yeux comme une révélation, toujours en cours, de l'amour de Dieu et de sa puissance créatrice, et comme une invitation vivante et éternelle à reconnaître notre dépendance absolue de Lui.

Dans ce sens, la conclusion du Psaume 103,30 est fondamentale : « Tu envoies ton souffle, ils (les êtres) *sont créés »* car elle renferme un contenu théologique précis : c'est le souffle de Dieu créateur qui transforme en être chaque réalité et qui nous donne à nous-mêmes.

Pour chaque être humain, vivre c'est être créé à partir du souffle du Créateur et donc se recevoir comme un don extraordinaire et indestructible de sa bonté infinie. Ce n'est pas seulement à l'origine de notre vie, mais à tous moments, à chaque instant, en ce moment précis, que chacun de nous est aimé tendrement de Dieu, de Dieu qui nous soutient dans notre être et notre faculté d'être et qui nous aime. Nous aussi donc, et pas seulement la création, nous sommes un signe de Dieu et une image vivante de son Amour providentiel ; un Amour qui nous accompagne tout au long de notre existence, sans jamais nous abandonner, pas même un instant. D'où l'émerveillement, très concret, du psalmiste qui voit son corps et toute sa réalité historique comme un prodige suscité par Dieu créateur :

« C'est toi qui m'as formé les reins, qui m'as tissé au ventre de ma mère ; je te rends grâce pour tant de prodiges : merveille que je suis, merveille que tes œuvres » (*Ps* 139, 13-14).

Dans nos communautés et dans nos différents milieux de formation, il faudrait mettre en œuvre une *éducation* proprement dite *au sens de l'admiration et de l'émerveillement,* en enseignant aux croyants à lire la création, chacune de ses réalités et la personne humaine aussi comme un don permanent du Créateur et comme une grande échelle qui conduit vers Lui. De la première à la dernière page, la Bible est une invitation à cultiver une attitude de ce genre. Ce qui suppose qu'il faille savoir percevoir la création dans sa dimension symbolique, au-delà de son aspect matériel uniquement et, à travers elle, reconnaître Celui dont elle provient et dont elle parle, Celui qui, dans son amour infini, nous la propose en permanence, tout comme il nous donne constamment à nous-mêmes. Alors, l'invitation adressée à la terre, de bénir le Seigneur se transforme dans la bénédiction du croyant, proclamée de tout son cœur:

« Bénis Yahvé, mon âme, du fond de mon être, son saint nom...!» (*Ps* 103,1).

2. La création: un don à aimer et à respecter

Regarder la création avec émerveillement signifie accueillir la terre comme un don de Dieu, un don à aimer et à respecter. Il n'y a rien d'inutile dans le monde créé: tout est, ou peut devenir, un appel à louer le Seigneur. Avec Thérèse de Lisieux, nous pourrons dire: « Tout est grâce ». Tout est grâce parce que tout est don de Dieu, et tout renvoie à lui, la source de tout bien. A s'y opposer, il n'y a que le péché, une action que nous avons accomplie, la décision volontaire de se refuser au projet du Créateur et Rédempteur du monde. C'est pour cela qu'après avoir décrit les merveilles de la création, le Psaume 104 demande à Dieu d'effacer le mal moral de la face de la terre:

« Que les pécheurs disparaissent de la terre, les impies, qu'il n'en soit jamais plus ! » (Ps 104,35).

En effet, la présence du péché vient enlaidir la beauté de la création, comme une tache sur une étoffe neuve: ce n'est qu'en étant vainqueur sur lui que le croyant est capable de saisir l'harmonie du monde et d'élever sa louange au Seigneur, ainsi que le psalmiste lui-même l'avait déjà proposé:

« A jamais soit la gloire de Yahvé, que Yahvé se réjouisse en ses œuvres ! [...] Je veux chanter à Yahvé tant que je vis, je veux jouer pour mon Dieu tant que je dure » (*Ps* 104,31-33).

Ce n'est qu'en nous plaçant dans cette attitude intérieure que nous découvrons le visage ineffable de Dieu le Père comme le visage d'un Dieu qui aime ses créatures, qui les aime d'un amour infini, et combien il est proche de chacun de nous dans une affection infinie. En effet, le Dieu de la révélation biblico-chrétienne n'est pas un Dieu qui inspire la peur, tout en étant un Dieu exigent et juste ; c'est un Dieu qui aime et qui prend soin de ce qu'il a lui-même créé, ainsi que le rappelle le livre de la Sagesse dans des mots très émouvants :

« Car ta grande puissance est toujours
à ton service, et qui peut résister
à la force de ton bras ?
Le monde entier est devant toi comme ce qui fait pencher la balance, comme la goutte de rosée matinale qui descend sur la terre.
Mais tu as pitié de tous, parce que tu peux tout, tu fermes les yeux sur les péchés des hommes, pour qu'ils se repentent.
Tu aimes en effet tout ce qui existe, et tu n'as de dégoût pour rien de ce que tu as fait ;
car si tu avais haï quelque chose, tu ne l'aurais pas formé.
Et comment une chose aurait-elle subsisté, si tu ne l'avais voulue ?
Ou comment ce que tu n'aurais pas appelé aurait-il été conservé ?
Mais tu épargnes tout, parce que tout est à toi, Maître ami de la vie ! » (*Sg* 11,21-26).

Dieu est défini comme le « Maître, ami de la vie », avec l'une des qualifications la plus extraordinaire qu'offre la révélation biblique; une qualification qui, outre évoquer le rapport indestructible entre Dieu et la vie, nous invite à être — à notre tour — des hommes et des femmes « amis de la vie », des amis de la vie humaine dès sa naissance dans le sein de sa mère ou jusqu'au crépuscule de l'existence; des amis de la vie sous toutes ses formes et dans toutes les circonstances, dans le tableau de la merveilleuse symphonie de l'univers. Le croyant est un « ami de la vie » sur le modèle de Dieu auquel il s'adresse chaque jour dans la prière; il est un « ami de la vie » pour que la personne, créée à l'image et à la ressemblance de Dieu, soit reconnue comme le centre et l'accomplissement de la création, le don inaliénable de Dieu et la première participation à son être. Dans l'encyclique *Evangelium vitae,* Jean Paul II l'affirme dans une expression brève, mais dense:

« La vie que Dieu offre à l'homme est un don par lequel Dieu fait participer sa créature à quelque chose de lui-même » (n° 34).

C'est pour cela que l'Église ne peut accepter que la vie humaine soit réduite à un objet qui peut être manipulé ou même éliminé sur la base de critères subjectifs ou de l'arbitraire individuel, comme c'est le cas dans l'avortement et l'euthanasie. Seul Dieu le Père est le Seigneur de la vie; l'homme en est un bénéficiaire et un administrateur, dans la fidélité et l'obéissance au message de Dieu. C'est l'une des tâches fondamentales que Dieu a confiées à chaque homme, ainsi que le rappelle le Saint-Père Jean Paul II en affirmant que:

« Défendre et promouvoir la vie, la vénérer et l'aimer, c'est une tâche que Dieu confie à tout homme, en l'appelant, lui, son image vivante, à participer à la seigneurie qu'il a sur le monde (*EV* 42).

Plus nous aimons Dieu, plus nous aimons ses créatures, à commencer par la personne humaine, homme et femme, couronnement et sommet de toutes les merveilles de la création, jusqu'aux réalités les plus simples et les plus cachées. L'amour pour la création commence — et il ne peut qu'en être ainsi — avec l'amour pour la créature humaine et pour sa vie: celui qui ne respecte pas la personne ne peut pas dire qu'il aime la création ou se faire le héraut de la cause de l'environnement. Un tel respect exige — et Jean Paul II le rappelle inlassablement — la récupération constante *« de cette attitude désintéressée, faite de gratuité et de sens esthétique suscitée par l'émerveillement pour l'être et pour la splendeur qui permet de percevoir dans les choses visibles le message de Dieu invisible qui les a créées »* (*CA* 37).

3. Jésus-Christ, printemps de l'humanité

Seulement à la lumière de Dieu Père et de son amour il est possible d'apprécier la création dans sa valeur authentique de symbole, sans courir le danger de tomber dans le panthéisme, qui ne parvient pas à faire la distinction entre le Créateur et les choses créées, ou dans l'*idolâtrie*, qui confond les créatures avec le Créateur et fait des créatures une *idole* à adorer à la place de Dieu. C'est justement à la lumière de l'amour prévoyant et miséricordieux du Père que Jésus nous invite à regarder les lis des champs et les oiseaux du ciel pour apprendre le vrai sens de la vie:

« Regardez les oiseaux du ciel: ils ne sèment ni ne moissonnent, ni ne recueillent en des greniers, et votre Père céleste les nourrit! [...] Observez les lis des champs, comme ils poussent: ils ne peinent ni ne filent. Or je vous dis que Salomon lui-même, dans toute sa gloire, n'a pas été vêtu comme l'un deux » (*Mt* 6,26-29).

« Regardez ! » : c'est un ordre, une invitation à lever les yeux et la tête pour savoir cueillir, au-delà de la création, le visage invisible de Dieu le Père, sa grandeur et sa bonté infinies. Jésus pose son regard sur les beautés de la création, sur les lis des champs et les oiseaux du ciel, avec amour et émerveillement, mais pas pour s'arrêter sur elles : non, à travers elles, il remonte au Père qui prend soin de nous tous, et qui nous aime tous comme ses fils. Lorsqu'on a ce sentiment, on ne peut plus se laisser tenailler par l'anxiété ou avoir peur de vivre. La référence aux réalités créées, le regard tourné vers le Dispensateur de tous dons deviennent des raisons immuables de confiance illimitée, de remise totale à la Providence divine. La foi se présente alors comme une ouverture confiante au monde créé et elle exige que chacun puisse saisir le monde qui l'entoure dans une dimension supérieure donnée par la conscience que *si la vie nous a été donnée par Dieu, nous avons le devoir de lui en faire don et de la donner aussi aux autres, avec générosité, altruisme et gratuité, pour que tout soit rapporté à sa seigneurie.*

Le péché lui-même qui, comme une tache, risque de voiler la beauté de la création, a désormais été vaincu pour toujours dans Jésus-Christ mort et ressuscité. C'est pour cette raison que si les chrétiens vivent dans le monde et partagent avec les autres hommes et femmes de la terre la fatigue quotidienne de l'existence, en tant que croyants en Dieu le Père et « amis de la vie » qui s'est manifestée dans le visage de Jésus de Nazareth, ils apportent au monde le souffle de l'espérance et de la joie, se faisant les hérauts et les prophètes du monde nouveau inauguré par Celui qui est ressuscité, dans la conscience qu'en lui seulement la création a été réconciliée et a reçu la possibilité de retrouver sa beauté authentique et son harmonie parfaite. Leur amour pour la vie et celui pour la création ne font qu'un avec leur amour pour le Seigneur Jésus et pour sa grâce. En effet, c'est en Jésus uniquement, le Rédempteur de l'homme et du monde, que resplendit le nouveau printemps de l'humanité qui attend sa libération définitive, comme le préannonce l'Apôtre Paul :

« La création... sera libérée de la servitude de la corruption pour entrer dans la liberté de la gloire des enfants de Dieu » (*Rm* 8,21).

Et comme l'affirme l'Apocalypse :

« Puis je vis un ciel nouveau, une terre nouvelle, car le premier ciel et la première terre ont disparu [...] Et je vis la Cité sainte, Jérusalem nouvelle, qui descendait du ciel, de chez Dieu ; elle s'est fait belle, comme une jeune mariée parée pour son époux » (*Ap* 21,1-2).

POUR DISCUTER ET AGIR

La terre appartient à Dieu

1. Quelles sont les situations et les attitudes qui, dans notre pays, contredisent la seigneurie de Dieu sur la terre et sur ses biens, créant en conséquence injustice et souffrance ? Avec quelles initiatives politiques, sociales et culturelles pouvons-nous, nous, chrétiens, les racheter ?

2. La solidarité, le partage et la justice peuvent devenir culture et coutume d'une société s'ils naissent et sont alimentés dans la conscience des individus et des petits groupes. Comment la famille, la paroisse et l'école peuvent-elles alimenter cette conscience ?

3. La valeur et la dignité du travail agricole ne sont pas toujours reconnus ni appréciés par le reste de la société et, parfois, pas même au sein du milieu agricole rural lui-même. Quelles sont les initiatives qui peuvent contribuer à faire pénétrer dans la société civile et ecclésiale la juste reconnaissance des gens de la terre et à faire mûrir en eux la conscience de leur valeur et de leur dignité propres ?

4. Dans le travail agricole, s'offrent à l'homme des occasions constantes et multiples de découvrir le dessein de Dieu pour l'homme dans la création. Comment l'Église peut-elle soutenir les travailleurs de la terre en les aidant à faire mûrir en eux cette conscience et à la mettre ensuite au service de la famille humaine tout entière ?

La crise de la terre

1. Si la détérioration des ressources naturelles a son origine dans le comportement de l'homme, la sauvegarde de la création ne devrait-elle pas être basée sur le changement d'un tel comportement et donc sur une conversion radicale du cœur ?

2. Nombreux sont ceux qui espèrent que les problèmes liés à l'environnement seront résolus tôt ou tard grâce à la découverte de nouvelles technologies : est-il bien réaliste de penser que le développement technique peut, à lui seul, résoudre les problèmes ambiantaux ?

3. Comment changer les styles de vie dans une société de masse, sans avoir recours à des systèmes non démocratiques ou contraignants ?

4. Outre le rôle éducatif, quel autre rôle peuvent jouer les religions — et, en particulier, la religion chrétienne — dans la sauvegarde de la création ?

5 . Dans une société hautement industrialisée et dominée par le consumérisme, dans quelle mesure peut être efficace la vision chrétienne du monde et de la vie lorsqu'elle veut changer les formes actuelles d'exploitations des biens créés ?

« Que la terre bénisse le Seigneur ! »

1. L'un des itinéraires fondamentaux à réaliser pour se préparer au grand Jubilé de l'an 2000 consiste à réveiller en nous le *sens de l'émerveillement et de la louange.* Pour nos communautés et pour nous, croyants, que signifie donc la redécouverte de la création comme un grand signe révélateur du Seigneur, de sa grandeur et de son infinie bonté ?

2. La création est un don de Dieu le Créateur, don qu'il faut aimer et respecter, à commencer par son sommet, la vie et la personne humaine. Nous, chrétiens, que faisons-nous pour témoigner de la culture authentique de la vie et de l'amour, en opposition avec une anti-culture de la mort et de l'égoïsme ?

3. La terre raconte les œuvres du Seigneur. Comment respectons-nous la création ? Qu'apporte la foi en Jésus dans le cadre d'une véritable écologie du monde ? Comment nous faire prophètes de l'amour du Père céleste pour chacune de ses créatures ?

PRIÈRE DES TRAVAILLEURS DE LA TERRE

Seigneur Jésus,
Tu connaissais bien les images du travail agricole et de la vie rurale ; et Tu t'en es servi pour annoncer aux pauvres Ton Évangile.

Nous te prions pour les travailleurs ruraux d'aujourd'hui, et plus particulièrement pour ceux qui, parmi nous, se consacrent aux durs travaux des champs.

Donne-nous la force de Ton Esprit
pour que nous soyons les témoins et les collaborateurs de la Providence créatrice.
Fais que nous soyons toujours fidèles à ta loi de vérité et d'amour et que nous sachions cultiver en nous et dans nos familles la sainteté de la vie chrétienne, avec la même ardeur avec laquelle nous cultivons la terre.

Bénis la fatigue quotidienne des travailleurs agricoles et fais que la valeur et la dignité du travail des champs soient reconnues par tous.

Fais naître pour nous et parmi nous, des hommes et des femmes qui se mettent au service de l'Évangile et qui, en annonçant sans cesse l'amour du Père,

Agriculteur divin, nous aident à être en Toi des sarments vivants et féconds pour une communion sans fin.
Amen.

CANTIQUE DE FRÈRE SOLEIL

ou CANTIQUE DES CRÉATURES
saint François d'Assise

1 Très haut, tout puissant et bon Seigneur, *à toi louange, gloire, honneur, et toute bénédiction ;*
2 à toi seul ils conviennent, ô Très-Haut, *et nul homme n'est digne de te nommer.*

3 Loué sois-tu, mon Seigneur, avec toutes tes créatures, *spécialement messire Soleil, par qui tu nous donnes le jour, la lumière :*

4 Il est beau, rayonnant d'une grande splendeur, *et de toi, le Très-Haut, il nous offre le symbole.*

5 Loué sois-tu, mon Seigneur, pour sœur Lune et les étoiles : *dans le ciel tu les as formées, claires, précieuses et belles.*

6 Loué sois-tu, mon Seigneur, pour frère Vent, *et pour l'air et pour les nuages, pour l'azur calme et tous les temps : grâce à eux tu maintiens en vie toutes les créatures.*

7 Loué sois-tu, mon Seigneur, pour sœur Eau, *qui est très utile et très humble, précieuse et chaste.*

8 Loué sois-tu, mon Seigneur, pour frère Feu, *par qui tu éclaires la nuit : il est beau et joyeux, indomptable et fort.*

[9] Loué sois-tu, mon Seigneur, pour sœur notre mère la Terre, *qui nous porte et nous nourrit, qui produit la diversité des fruits, avec les fleurs diaprées et les herbes.*

[10] Loué sois-tu, mon Seigneur, pour ceux *qui pardonnent par amour pour toi ; qui supportent épreuves et maladies :*

[11] heureux s'ils conservent la paix, *car par toi, le Très-Haut, ils seront couronnés.*

[12] Loué sois-tu, mon Seigneur, *pour notre sœur la Mort corporelle, à qui nul homme vivant ne peut échapper.*

[13] Malheur à ceux qui meurent en péché mortel ; *heureux ceux qu'elle surprendra faisant ta volonté, car la seconde mort ne pourra leur nuire.*

[14] Louez et bénissez mon Seigneur, *rendez-lui grâce et servez-le en toute humilité*

ANNEXE

NOTE SUR L'ÉVOLUTION DU MONDE RURAL

Le monde rural et paysan présente de nombreuses affinités symboliques avec le Jubilé (ex : le symbole de la terre), mais il soulève aussi beaucoup de questions quant à la signification actuelle et pratique de l'événement religieux. Une tradition millénaire identifie ou rapproche le travailleur de la terre au *serviteur*. Cette servitude se manifeste maintenant très différemment ; dans nombre de régions (comme en Occident), elle s'est atténuée en grande mesure, ou a même disparu. De façon générale, toutefois, il reste une « question » rurale ou paysanne à laquelle des réponses doivent être trouvées.

Avant d'identifier les grandes lignes des problèmes du monde rural, il faut faire une brève prémisse terminologique : il est pour le moins nécessaire de distinguer le paysan (*peasant*) de l'agriculteur (*farmer*) d'une part et, d'autre part les zones agricoles des zones rurales. Dans le premier cas, ce qui est souligné c'est une évolution dans les rapports : de la vassalité et de modalités de production statiques (paysan) à un type d'entreprise et à la présence d'une innovation continue des techniques de production (agriculteur). Dans le second cas, on veut mettre en évidence le passage de communautés monoproductives, centrées sur l'agriculture, à des installations ayant une économie plus variée et intégrée. Cette dernière distinction est devenue, surtout dans les pays occidentaux, toujours plus présente à la suite de la diminution du poids relatif des personnes impliquées et du chiffres d'affaires du secteur agricole. En outre, les fonctions ont également été redistribuées, l'accent étant mis sur les fonctions résidentielles et touristiques, par rapport à celles plus strictement productives. Malgré cela, le monde rural continue d'être caractérisé par ce qui est « agricole », « cultivé », par la « terre destinée à produire des aliments ». Ce monde est qualifié comme le lieu où se cultive la vie, où se garde la terre qui produit des fruits, un bien indispensable à tous les hommes.

La présente note traitera quatre questions du monde rural qui sont encore ouvertes et qui peuvent être éclairées par le Jubilé. Il s'agit du revenu et de la productivité, de la propriété de la terre et des rapports de pouvoir, de la qualité écologique du travail et des produits agricoles, de l'identité locale et de la solidarité internationale.

Il existe un accord substantiel entre les experts lorsqu'ils considèrent que les revenus des campagnes sont, en moyenne, inférieurs à ceux des zones urbaines. Cela est dû à l'héritage historique de la vassalité de la classe paysanne, constamment appauvrie de ses ressources par les classes des propriétaires urbains, par une moindre présence d'activités commerciales et manufacturières, traditionnellement porteuses de richesse monétaire, par les taux élevés de natalité des communautés rurales en raison desquels le revenu moyen *procapite* est inférieur. Mais si le monde rural est moins riche, cela est aussi dû à un facteur plus récent : la croissance extraordinaire des technologies appliquées à l'agriculture. Elles ont permis une augmentation vertigineuse de la productivité mais ont en même temps fait diminué l'utilité marginale du travail humain dans l'agriculture. La valeur monétaire du travail manuel a décru et continue de décroître du fait qu'il peut être remplacé, à des coûts très bas, par les machines et par les substances chimiques. Ce qui fait aussi que les travailleurs des entreprises agricoles doivent constamment abandonner sans celles-ci et, lorsqu'il n'existe aucune alternative locale de travail, ils se trouvent à devoir émigrer vers les villes ou vers d'autres pays.

L'alternative à cette tendance à la décroissance des revenus agricoles consiste à augmenter les surfaces cultivables par les producteurs individuellement, ou bien à intensifier la productivité, ou encore à acheter des parts de valeur ajoutée sur la transformation des produits. Chacune de ces solutions se heurte à de très fortes limites structurelles : la première est bloquée par les obligations du marché foncier (coûts élevés du terrain, manque de disponibilité de terrain vierge, contraintes juridiques, politiques et même « affectives » à l'achat du terrain) ; la deuxième solution est toujours plus conditionnée par les limites physiques de la fertilité du terrain qui ne peut être reconstruite artificiellement au-delà d'un certain seuil, sous peine de la dégradation du terrain lui-même ; la troisième solution est fortement conditionnée par les forces économiques qui contrôlent la transformation et la commercialisation des produits agricoles. On n'ignore pas qu'il est très rare que les agriculteurs eux-mêmes aient quelque marge de contrôle sur la filière agro-industrielle. Cela est possible dans les rares régions à forte intégration syndicale et/ou coopérative. En conclusion, l'abandon du secteur primaire de la part des ouvriers semble une tendance irréversible et universelle, même si elle se produit selon des intensités différentes d'un pays à l'autre. On parle alors de dé-ruralisation croissante à l'échelle mondiale. Il existe des signes de « contre-tendance », mais pour l'instant ce ne sont que des exceptions et ils ressortent, par exemple, de l'agriculture éco-compatible et de celle des produits typiques qui demande davantage de main d'œuvre et de responsables.

Comme cela a été dit au début, le monde rural est historiquement conditionné par les rapports très asymétriques de pouvoir. Le système féodal liait le paysan au seigneur. Le mot même de « paysan » signifie « homme du comte ». Une fois libérés des rapports féodaux, les travailleurs de la terre n'ont pas toujours trouvé une véritable émancipation économique et morale. On trouve trois situations au moins dans lesquelles est fortement conditionnée la liberté de l'agriculteur de produire et d'agir. Il y a le latifondium traditionnel, où tous les terrains sont entre les mains de quelques propriétaires seulement et où les habitants du lieux sont obligés de fournir, de temps en temps, leur travail en tant que « journaliers ». Il y a ensuite les productions très industrialisées où ce sont les grandes compagnies qui détiennent la totalité de la technologie en amont (par exemple les graines) et en aval (industrie de transformation) de l'entreprise agricole. Dans ces cas, l'agriculteur est souvent un travailleur à domicile dépendant de la grande entreprise, celle-ci lui imposant toutes les conditions contractuelles. Et il y a une troisième situation, dans laquelle les producteurs de différentes importances (et même les petits agriculteurs) emploient une main d'œuvre marginale pendant les périodes de moissons, mais sans aucune garantie syndicale et contractuelle. Dans ce cas, l'asymétrie du pouvoir est aggravée par le fait que ce sont souvent des travailleurs immigrés qui ne bénéficient d'aucune solidarité typique familiale et/ou communautaire. En outre, il leur manque ce qu'avaient les journaliers traditionnels ou résidentiels : jouir d'une certaine protection de la part des syndicats organisés par les églises ou par les partis socialistes.

Les réformes foncières qui ont vu le jour dans nombre de pays visaient à réduire la dépendance des classes paysannes et à canaliser leurs réactions politiques violentes. En général, l'efficacité de ces politiques s'est démontrée plutôt faible, que ce soit à cause de la présence de très fortes résistances de la part des classes possédantes ou à cause des entrelacs de la question politique et du développement technologique qui font que les terrains redistribués sont toujours insuffisants. De façon générale, la diffusion d'attitudes autoritaires et individualistes, les bas revenus, la primauté d'agents âgés et de sexe féminin ont diminué les capacités du monde paysan à s'organiser politiquement de façon efficace et démocratique. Il a donc souvent représenté une « masse de manœuvre » manipulée par les dictateurs et les hommes politiques sans scrupule.

La troisième question concerne la qualité du travail et du produit. Comme on l'a déjà dit, l'agriculture doit ses extraordinaires résultats en terme de productivité, à l'emploi massif et croissant des moyens technologiques. L'énergie motrice animale a été remplacée par celle des combustibles fossiles. Le binage est surtout effectué par des moyens chimiques. Les engrais mêmes sont toujours plus d'origine artificielle. L'emploi intensif de ces moyens a supprimé beaucoup de fatigue dans le travail de l'agriculteur mais nécessite des coûts ambiantaux croissants. L'impact des antiparasitaires sur l'environnement est très important : ils mettent en danger les ressources naturelles permettant le cycle de production, ils portent préjudice à la santé des agriculteurs, ils rendent les produits alimentaires finaux moins appétissants, si ce n'est pathogènes. La question écologique n'est pas, comme certains voudraient le faire croire, le caprice d'une minorité d'écologistes urbains ; elle touche avant tout la santé et le capital du producteur agricole.

Celui-ci est le premier à subir des dommages ; il est même probable que ce sont justement les travailleurs de la terre dépendant en grande partie des propriétaires, qui subissent les influences négatives plus importantes. Et se dessine alors pour une partie du monde agricole une « injustice ambiantale » dans le sillage de ces communautés rurales et/ou du tiers monde qui sont les réceptacles des ordures industrielles et civiles.

Les solutions qui ont été adoptées jusqu'à présent (antiparasitaires doux, reconstruction des habitats semi-naturels, *set aside*, élargissement des cultures extensives) ont certainement réduit l'impact ambiantal de l'agriculture moderne. Toutefois, elles présentent deux limites : elles peuvent être adoptées par les pays riches qui peuvent compenser ou motiver les agriculteurs ; en général, elles sont rendues effectives par l'adhésion volontaire des agents agricoles eux-mêmes. Leur succès dépend de la richesse des trésors publics (et des contribuables) et de la sensibilité de chacun au problème, celle-ci étant très variable. La question écologique s'entremêle donc avec la question de l'inégalité entre les pays riches et les pays pauvres et avec le respect de la liberté individuelle, reconnu dans les pays démocratiques.

La quatrième question concerne le thème de l'identité et de la solidarité internationale entre les agriculteurs. Il existe à ce sujet toute une littérature qui a désormais ratifié la fin de tous les projets de modernisation tendant à uniformiser les parcours de développement. Chaque communauté rurale présente des particularités culturelles qui doivent être non seulement respectées mais aussi utilisées pour tracer un parcours propre de développement. Dans ce sens, le moment religieux, les appartenances ethniques et parentales, les coutumes traditionnelles deviennent les ressources sur lesquelles construire le bien-être d'une communauté. En particulier, le monde rural — que les verres déformants de la modernisation ont jugé pendant longtemps comme arriéré — a bénéficié de cette redécouverte de l'identité locale. Les anciennes maisons, les races des animaux du lieu, les coutumes typiques ont été conservées plus longuement et fidèlement justement dans les régions rurales et parmi les agriculteurs. Cela s'est aussi traduit dans des occasions de croissance pour de nouvelles activités économiques dans le domaine touristique, culturel et des produits typiques. On constate aussi une attention nouvelle pour les paysans du tiers monde, pour leurs modes traditionnels de produire et de vivre. Cela semble être le chemin le plus efficace pour s'opposer aux effets délétères de la globalisation, entendue comme standardisation des produits et soumission aux tendances du capital financier.

Cependant, la redécouverte que les agriculteurs ont faite de leur identité locale porte aussi en soi une dimension ethnocentrique. Placer une forte insistance sur les particularités locales risque de faire percevoir l'autre comme tout à fait différent, ou même comme un ennemi. Le monde rural, déjà caractérisé traditionnellement par sa fermeture et son particularisme, court un tel danger plus que les autres. Aussi la redécouverte de l'identité locale doit-elle être accompagnée d'une dimension universalisante. Il faut instaurer une dialectique équilibrée entre l'identité et la reconnaissance de la communauté universelle de l'homme. Ce qui n'est pas, comme on pourrait le croire, un simple acte cognitif, mais implique des gestes précis de solidarité. Dans cette phase historique, du moins dans le monde rural, de tels gestes passent à travers les rapports Sud-Nord du monde. Il y a tout d'abord la question de l'accueil des immigrés qui viennent, chaque saison ou moins régulièrement, effectuer les travaux agro-pastoraux (il ne faut pas oublier les nombreux immigrés qui travaillent dans les étables et dans les pâturages). En second lieu, il y a la question des barrières à la circulation des denrées alimentaires provenant du tiers monde. Il existe parfois de justes revendications pour le produit typique local, et parfois il s'agit simplement de défendre les revenus de position. A ce sujet, les agriculteurs ont peu de choses à dire, mais il est possible de lancer une certaine action politique. En troisième lieu, il y a la défense des conditions de travail dans le tiers monde. L'agriculteur occidental qui a employé des siècles à se libérer de la servitude de la glèbe ne peut pas rester indifférent devant les formes d'exploitation des travailleurs de la terre dans le tiers monde. Une tutelle syndicale plus importante de ces travailleurs signifie non seulement davantage de justice sociale, mais aussi de meilleures conditions de compétitivité des produits. Dans ce cas aussi, les marges de manœuvre sont très limitées, mais elles existent. Les agriculteurs ont vu leur nombre diminuer ; toutefois, au cours de leurs longues années d'activité, leurs associations ont accumulé une solide expérience en tant que « groupes de pression » ; cette expérience peut maintenant être mise en pratique dans les questions de justice et de solidarité internationale. Une ouverture dans ce sens assurerait sans doute davantage d'élan à l'adhésion syndicale dans les campagnes, redonnant un sens aux luttes pour le rachat des plus pauvres.

ABRÉVIATIONS BIBLIQUES

Ab	Abdias	*Pr*	*Proverbes*
Lc	Luc	*Ez*	*Ezéchiel*
Ac	*Acte des Apôtres*	*Ps*	*Psaumes*
Lm	*Lamentations*	*Ga*	*Galates*
Ag	*Aggée*	*Qu*	*(Qohélet)Ecclesiaste*
Lv	*Lévitique*	*Gn*	*Genese*
Am	*Amos*	*R*	*Livre des Rois*
M	*Maccabées*	*Ha*	*Habaquq*
Ap	*Apocalypse*	*Rm*	*Epître aux Romains*
Mc	*Marc*	*He*	*Hébreux*
Ba	*Baruch*	*Rt*	*Ruth*
Mi	*Michée*	*Is*	*Isaïe*
Ch	*Chroniques*	*S*	*Samuel*
Ml	*Malachie*	*Jb*	*Job*
Co	*Corinthiens*	*Sg*	*Sagesse*
Mt	*Matthieu*	*Jc*	*Epître de Jacques*
Col	*Colossiens*	*Si*	*(Siriac)Ecclesiaste*
Na	*Nahum*	*Jdt*	*Judith*
Ct	*Cantique des*	*So*	*Sophonie*
	Cantiques	*Jg*	*Juges*
Nb	*Nombres*	*Tb*	*Tobie*
Dn	*Daniel*	*Jl*	*Joël*
Ne	*Nehémie*	*Th*	*Thessaloniciens*
Dt	*Deutéronome*	*Jn*	*Evangile de Jean*
Os	*Osée*	*Tm*	*Lettre à Timothée*
Ep	*Epître aux Ephésiens*	*Jn*	*Epître de Jean*
P	*Epître de Pierre*	*Tt*	*Epître à Tite*
Esd	*Esdras*	*Jon*	*Jonas*
Ph	*Epître aux Philippiens*	*Za*	*Zacharie*
Est	*Esther*	*Jos*	*Josué*
Phm	*Philémon*	*Jr*	*Jérémie*
Ex	*Exode*	*Jude*	*Epître de Jude*

ABRÉVIATIONS DES DOCUMENTS ECCLESIAUX

CA	*Centesimus annus*
CEC	*Catéchisme de l'Église Catholique*
EV	*Evangelium vitae*
GS	*Gaudium et spes*
LE	*Laborem exercens*
OA	*Octogesima adveniens*
PP	*Populorum progressio*
PMT	*Pour une meilleure distribution de la terre*
PT	*Pacem in terris*
RN	*Rerum novarum*
SRS	*Sollicitudo rei socialis*
TMA	*Tertio millennio adveniente*

ACHEVÉ D'IMPRIMER EN JANVIER 2000
SUR LES PRESSES DES ÉDITIONS TÉQUI
53150 SAINT-CÉNERÉ

N° d'édition : T 53 1341
Dépôt légal : Janvier 2000